APPRENDRE
À S'ÉCOUTER

Du même auteur

Quand le désert fleurit
et autres graines de vie
Leduc éditions, 2019

La paix est possible
Elle commence par vous
Leduc éditions, 2019
et Points, coll. « Points Vivre », 2021

PREM RAWAT

APPRENDRE À S'ÉCOUTER

Comment trouver la paix dans le bruit du monde

TRADUIT DE L'AMÉRICAIN
PAR ALICE JACQUE

ÉDITIONS DU SEUIL
57, rue Gaston-Tessier, Paris XIXe

Révision de l'édition originale par Tim Rich

Titre original : *Hear Yourself*
Copyright original :
Prem Rawat © Propriétaire Rawat Creations LLC, 2021

ISBN 978-2-02-145630-1

www.seuil.com

Sommaire

Bonjour, qui êtes-vous ?

J'ai rencontré et parlé avec des milliers de personnes engagées sur la voie de la découverte d'elles-mêmes. Certaines consacraient leur vie à chercher l'illumination et exploraient sans relâche de nouvelles idées et techniques. D'autres cherchaient simplement à mieux se comprendre, à s'épanouir en tant qu'individu ou à éprouver dans leur vie un sentiment plus intense d'accomplissement et de joie.

Je vous invite à cheminer un moment avec moi, et vous serez surpris par les voies que nous prendrons. Nous nous écarterons des théories et des croyances pour nous diriger vers une forme unique de connaissance qui se situe en nous, libérée des divertissements du quotidien, un lieu où vous trouverez la lucidité, l'épanouissement et la joie. Un lieu de paix intérieure. Ce chemin nous conduira vers la sérénité à travers les voies de la conscience et de la plénitude du cœur. Qui que vous soyez, la paix se trouve en vous. C'est en passant par la connaissance de vous-même que vous la rencontrerez et la vivrez.

Je constate qu'il règne, autour du sujet de la connaissance de soi, une grande confusion intellectuelle. Pourtant, rien n'est plus simple : il s'agit de ressentir une clarté vivifiante, une joie intense, insondable, et tant d'autres bonheurs que nous procure la communion avec la paix qui est en nous. Car la clé est là : le sentiment de la sérénité se trouve au cœur de notre être.

Plus explicitement : mon but est de vous aider à développer votre propre compréhension de la notion de paix intérieure et de vous faire entrevoir la source de bienfaits qu'elle pourrait être dans votre vie. Vous seul, cependant, êtes à même de faire ce chemin de l'agitation extérieure à la quiétude intérieure, car personne ne peut vous la donner. Vous seul avez le pouvoir de la découvrir en vous, pour vous. Ce faisant, vous apprendrez à vous connaître par des voies nouvelles. Notre vie est encombrée d'automatismes, de réflexes et d'habitudes, et trouver la paix demande un vrai travail. L'état de pleine conscience exige des efforts. Einstein n'a-t-il pas dit : « La sagesse n'est pas le produit de l'instruction, mais d'une perpétuelle tentative pour l'acquérir » ?

Au fil des histoires et des idées présentées dans cet ouvrage, vous aurez l'occasion de découvrir des perspectives insoupçonnées sur ce miracle que nous partageons tous et devrions, à mon sens, célébrer davantage : l'esprit humain. J'aimerais aussi, tout particulièrement, vous faire rencontrer et connaître une personne remarquable.

Dans nos villes surpeuplées, dans nos vies trépidantes et informatisées, il est difficile de trouver le temps et l'espace nécessaires pour jouir de la simple tranquillité d'âme. Nous vivons une période captivante, la technologie ouvre de belles possibilités, mais le bruit qui accompagne ces innovations est parfois ressenti comme une distraction malvenue.

Pour autant, ce brouhaha extérieur n'est rien comparé à celui de notre mental, des difficultés que nous ne sommes pas à même de résoudre, des inquiétudes et des doutes que nous ne pouvons apaiser, des ambitions et des attentes que nous ne parvenons pas à satisfaire. Il nous arrive de ressentir de l'irritation, du ressentiment et de la colère envers les autres, et même de la déception envers nous-mêmes. Notre manque de concentration, l'impression d'être dépassés, désorganisés, pris au piège de la procrastination ou de nos acrobaties mentales qui entravent notre cheminement.

Cette approche de la vie a fait ses preuves sur moi : j'avais soif, mon chemin m'a conduit vers un puits, et ma soif a été étanchée. Existe-t-il d'autres méthodes ? Certainement. Pourquoi ne les ai-je pas essayées ? Parce que je n'avais plus soif.

Je témoigne de ce que j'ai expérimenté. Ma démarche est indépendante des convictions religieuses, éthiques ou politiques, comme de la nationalité, de la classe sociale, de l'âge ou du genre. Elle ne se substitue pas à vos opinions ou vos convictions, car elle parle de connaissance de soi, non de croyances. La connaissance peut nous mettre en relation profonde avec le meilleur de nous-même et nous révéler à nous-même dans toutes nos dimensions. C'est à vous de décider en quoi cette démarche peut s'accorder à vos idées et à la personne que vous êtes.

Je vous invite à aimer, à faire confiance à votre cœur, et à ne pas vous fier uniquement à votre mental. L'esprit façonne une grande partie de notre vécu quotidien, et il est utile de comprendre comment il se comporte (et se conduit inconsidérément). Il est important pour nous de reconnaître ses effets positifs et négatifs sur nos existences et de ne pas négliger d'enrichir et d'affiner notre intellect. Mais il faut le remettre à la place qui est la sienne. Malheureusement, nos sociétés prônent trop souvent l'esprit au détriment du cœur. Les pouvoirs du cerveau ne sont pas illimités. Par exemple, je ne suis pas certain que seul l'esprit puisse fournir une réponse satisfaisante à la question : « Qui sommes-nous ? » Mon mental ne m'a jamais conduit jusqu'au lieu de ma paix intérieure. Pour fonctionner correctement, il se fonde principalement sur tout ce qui s'y est inscrit, tandis que le cœur puise davantage dans l'essence de l'être humain.

N'acceptez ce que j'écris que si vous en ressentez la vérité en vous-même. Que votre intellect soit sceptique ou qu'il acquiesce à mon message, ouvrez également votre esprit à ce que vous souffle votre moi profond. Donnez à cette approche une chance équitable. Plutôt que de vous suggérer quoi penser, les chapitres qui suivent vous présenteront quelques possibilités à explorer. Je n'ai pas l'intention de vous convaincre par la logique, mais simplement de partager avec vous des expériences vécues, des points de vue et des témoignages qui apportent peut-être des perspectives utiles. Les mots sincères et clairement exprimés peuvent servir de tremplin vers la compréhension, c'est pourquoi je propose ce texte comme un chemin vers le monde du ressenti et de la connaissance intérieure, à travers les idées et au-delà d'elles. Je vous demande d'évaluer ce que je dis avec votre esprit, et de m'écouter avec votre cœur.

Qui suis-je ?

Je suis né en 1957 à Haridwar, en Inde, et j'ai grandi dans la ville de Dehra Dun, au pied de l'Himalaya. Le Gange prend sa source dans les montagnes qui surplombent la cité. Haridwar est un lieu très important de pèlerinage pour les Hindous

– son nom signifie « Porte de Dieu » (*Hari dwar*). Tous les ans, des millions de visiteurs s'y rendent pour y célébrer les fêtes sacrées. C'est une expérience exceptionnelle.

J'ai été élevé dans un cadre où l'on prend depuis longtemps la religion au sérieux et où l'on exprime ses croyances de façon prégnante et évocatrice. Mon père, Shri Hans Ji Maharaj, était un éminent orateur qui parlait de la paix, il attirait des milliers de personnes. Dès son plus jeune âge, il parcourut les montagnes, puis visita un grand nombre de villes et de villages à la recherche d'hommes saints susceptibles de lui transmettre la sagesse. Il fut souvent déçu.

La révélation lui vint lorsqu'il rencontra Shri Swarupanand Ji, un *guru*[1] qui vivait dans ce qui était alors le nord de l'Inde et devint, après la partition, le Pakistan. Mon père sentit qu'il avait enfin rencontré un vrai professeur, autrement dit quelqu'un qui possédait une profonde compréhension de l'âme humaine. Cela le transforma totalement. Il avait trouvé ce qu'il cherchait : une connaissance de soi approfondie et un sentiment quasi indicible de paix intérieure. Je l'ai vu pleurer au souvenir de l'époque où il recevait les enseignements de celui qu'il appelait son « maître ». Il citait souvent un couplet du poète mystique indien Kabîr qui avait vécu au XVe siècle une expérience similaire auprès de son propre guide spirituel :

> J'étais emporté dans ce fleuve de ténèbres
> – les ténèbres de ce monde, de cette société.
> Et puis mon maître m'a tendu une lampe
> Et les ténèbres se sont apaisées.

---

1. Note de l'auteur : en Inde, *gu* signifie « ténèbres » et *ru* « lumière ». Un *guru* est un homme qui fait passer des ténèbres à la lumière. C'est un guide de vie.

Il m'a montré ce bel endroit à l'intérieur de moi.
Et je suis maintenant satisfait.

Mon père et ma mère s'installèrent ensuite dans une maison à Dehra Dun, non loin de Haridwar où mon père enseignait dans le centre qu'il avait créé. Là, il délivrait son message à tous ceux qui voulaient l'écouter. Son approche donnait corps à une tradition ancienne qui s'était transmise de maître à élève au fil des siècles – Shri Swarupanand Ji avait choisi mon père pour lui succéder. L'essentiel de son enseignement était que la paix que l'on recherche ne nous attend pas quelque part dans le monde, mais qu'elle se trouve déjà en nous – à ceci près que *nous devons faire le choix de nous y relier*. Cette notion de choix reste essentielle dans ma propre démarche.

Mon père refusait de suivre la voie traditionnelle par laquelle certains ont accès à la sagesse et d'autres pas. La société indienne était divisée par son impitoyable système de castes, sa défiance envers les étrangers, son arrogance. Pour mon père, tous les individus font partie d'une famille universelle. Quels que soient leur race, leur origine sociale, leur sexe, il les conviait à le rejoindre et à l'écouter. Je me souviens d'une conférence durant laquelle il avait invité un couple d'Américains sur la scène et les avait installés sur des chaises comme cela se fait pour les hôtes d'honneur. C'était un défi évident lancé à tous ceux qui considéraient que les non-Indiens étaient spirituellement impurs, au plus bas de l'échelle humaine.

J'écoutais les paroles de mon père chaque fois que je le pouvais, souvent assis à ses pieds tandis qu'il s'adressait à des auditoires composés d'adeptes et de personnes en quête de lumière intérieure. Je pris la parole lors d'un de ces événements, pour la première fois, à l'âge de quatre ans. Mon message ce jour-là était simple : la paix dans le monde est possible lorsqu'on commence par soi-même. J'avais toujours ressenti cette vérité au fond de mon cœur et, en dépit de mon jeune âge, il me semblait naturel de me lever pour partager cette idée.

Deux ans plus tard, alors que je jouais devant la maison avec mes frères, un ami de la famille est venu nous dire :

– Votre père veut vous parler. Tout de suite !

Qu'avions-nous fait ? Nous étions inquiets.

Quand nous fûmes tous réunis devant lui, notre père nous demanda si nous voulions recevoir la Connaissance : c'était le mot utilisé pour décrire une approche et un ensemble de techniques liées à la connaissance de soi. Sans réfléchir, nous avons tous répondu : « Oui. »

Cette séance avec mon père ne dura que peu de temps, et c'est bien plus tard que je compris la force de ce qu'il m'avait transmis ce jour-là. Il avait fait bouger les choses au plus profond de moi. Nous ne sommes pas seulement façonnés par ce qui nous entoure ou par nos propres pensées, c'est à l'intérieur de nous que quelque chose se passe, quelque chose de puissant au plus haut degré.

J'avais déjà une certaine intuition du monde intérieur, mais c'est à ce moment-là que je compris en quoi la Connaissance de soi est un chemin vers la paix, et que je constatai à quel point la cultiver me permettait de rester centré et équilibré. Je sentais que la Connaissance que mon père m'avait révélée favorisait ma concentration et me donnait confiance en moi, contrairement aux jeunes de mon âge. Je compris que la paix n'est pas un luxe dans notre vie, mais une nécessité.

Peu de temps après, je me trouvais dans notre jardin de Dehra Dun lorsqu'une inoubliable sensation de paix s'empara soudainement de moi. Je compris que la paix était bien plus qu'un enchaînement de sentiments passagers et que son essence n'était pas liée au monde extérieur. Je parlerai de cette expérience fondatrice plus loin.

Du Gange à Glastonbury

J'avais huit ans et demi lorsque mon père mourut. Ce fut un choc terrible pour notre famille. Il laissait un vide énorme dans nos vies et dans celles de ses disciples.

Il m'avait envoyé étudier à St Joseph's Academy, une école catholique de Dehra Dun, pour que j'apprenne l'anglais. Il espérait que je pourrais, à terme, transmettre sa vision de l'homme et de la paix dans des pays étrangers. Après sa mort, mon but devint clair : je devais poursuivre son œuvre, porter son message partout où les hommes et les femmes pouvaient l'entendre, en tous lieux dans le monde. C'était une ambition bien audacieuse pour un si jeune garçon, mais il me semblait que tel était mon devoir. La seule façon de me lancer était de commencer à m'adresser aux disciples de mon père. Je rassemblai mon courage et me retrouvai à tenir mes premières conférences dans diverses provinces de l'Inde.

Dans les années 1960, des visiteurs européens et étasuniens arrivèrent à Dehra Dun, souvent en quête de sens à donner à leur vie. Certains étaient venus m'écouter, et quelques uns eurent envie de faire connaître mon enseignement dans leur pays d'origine. Ils m'invitèrent en Angleterre. J'avais hâte de m'y rendre, mais à l'âge de treize ans, je ne pouvais pas manquer les cours de mes enseignants de l'école St Joseph. Mon voyage fut donc programmé pour les vacances scolaires.

Quelques jours seulement après mon atterrissage au Royaume-Uni, en juin 1971, je fus conduit dans la campagne anglaise. À peine arrivé à destination et descendu du véhicule, je montai sur Pyramid Stage, la scène principale du festival de musique de Glastonbury. Ce n'était alors que la deuxième édition de ce festival, devenu plus tard un événement de renommée mondiale. Ce soir-là, je parlai brièvement de la connaissance de soi et de la paix intérieure devant une foule étonnée par mon âge, mais réceptive. Le message eut l'air de toucher un grand nombre. Mon arrivée au Royaume-Uni et cette apparition à Glastonbury attirèrent l'attention de la presse, qui commença à me solliciter.

Nous ne sommes pas seulement façonnés par ce qui nous entoure ou par nos propres pensées, c'est à l'intérieur de nous que quelque chose se passe, quelque chose de puissant au plus haut degré.

Cette année-là, alors que je voyageais pour la première fois aux États-Unis et y prenais la parole, je pus constater que le message d'une paix possible pour tous suscitait réellement un intérêt. Je décidai de prolonger mon périple. Je me rappelle avoir appelé ma mère pour lui annoncer que je ne prévoyais pas de revenir tout de suite. J'étais alors à Boulder, dans le Colorado. L'objectif de mon voyage était de vérifier si l'Occident était intéressé et sensible à la question de la paix intérieure. En Inde, une grande partie des gens sont pauvres, mais ils ont accès à la connaissance de leur être profond. Les populations plus riches, d'Amérique et d'ailleurs, ressentiraient-elles le besoin de se relier à soi ? Le doute ne subsista pas longtemps. Je compris vite que les Occidentaux avaient la même soif d'épanouissement intérieur que mes concitoyens.

J'avais treize ans, je me trouvais à des milliers de kilomètres de chez moi, mais j'avais le sentiment clair d'une opportunité à saisir. Ma mère accepta à contrecœur que je prolonge mon séjour. Aucun de nous ne le savait à l'époque, mais j'allais m'établir aux États-Unis, m'adresser à des foules de plus en plus nombreuses et rencontrer Marolyn qui allait devenir mon épouse et la mère de mes enfants.

Chercher au bon endroit

Il y a longtemps que je voyage à travers le monde pour transmettre un message de paix. Lorsque nous ressentons la sérénité, nous influençons ceux qui nous entourent. Ce sentiment est en effet merveilleusement contagieux. J'ai parlé de paix intérieure lors de conférences à l'ONU, dans des prisons de haute sécurité, dans des pays qui ont été le théâtre de récents conflits (l'Afrique du Sud, le Sri Lanka, la Colombie, le Timor oriental et la Côte d'Ivoire), dans des auditoriums et des stades olympiques sous toutes les latitudes. J'en ai parlé à toutes sortes de publics, à des dirigeants internationaux comme à d'anciens guérilleros, à des foules de cinq cent mille personnes, à des millions de téléspectateurs, à des petits groupes, de même qu'à de nombreux hommes et femmes en tête-à-tête. Aujourd'hui, c'est à vous que je m'adresse.

Partout où je vais, je partage ce message ancestral, tout en cherchant à faire le lien entre cette sagesse universelle et ce que le monde est devenu aujourd'hui.

La technologie joue à n'en pas douter un rôle important dans ma vie de tous les jours. Voler, par exemple, est essentiel pour moi. Dans mon enfance, j'étais passionné d'aviation et rêvais de pouvoir piloter. Après mon arrivée en Amérique, je décidai de suivre une formation pour devenir pilote. Je peux ainsi prendre moi-même les commandes de mes déplacements vers des contrées lointaines, et suis à ce jour qualifié pour piloter des avions de ligne, des hélicoptères et des planeurs, en même temps qu'instructeur de vol. J'ai plus de quatorze mille heures de vol à mon actif et j'ai parcouru des millions de kilomètres dans les airs. Piloter est une expérience très enrichissante dans ma vie.

Il est tentant de parcourir le monde en quête de ce que nous recherchons et de vivre de belles expériences, mais le véritable épanouissement n'est possible que si nous dirigeons notre conscience vers l'intérieur. La paix nous habite dès notre conception, pourtant nous perdons contact avec elle au gré des distractions quotidiennes.

Nous possédons déjà tout ce dont nous avons besoin, toutes les ressources nécessaires pour connaître l'être prodigieux que nous sommes. La bonté est en nous. L'obscurité est en nous, et la lumière tout autant. Même lorsque nous sommes tristes, la joie est encore en nous. Ces sentiments ne viennent de nulle part ailleurs, ils nous habitent, même quand nous les perdons de vue. En définitive, je vous tends un miroir pour vous aider à voir clairement votre être intérieur.

Quelle est votre histoire ?

Si la télévision n'entra que tard dans notre famille, et si les stations de radio n'émettaient que quelques heures par jour, en revanche notre maison était pleine de conteurs. Il existe en Inde une longue tradition orale de contes que les maîtres transmettent à leurs disciples, qui les partagent avec leurs proches, et ainsi de suite. Ces récits, racontés sur le mode de la conversation, renvoient souvent à des événements et à des préoccupations contemporaines, si bien qu'ils demeurent pertinents pour toutes les époques.

Le scribe indien Veda Vyāsa, attaché à la tradition orale, constatant que certains récits se perdaient dans le temps, il se mit à les coucher par écrit. Il est aujourd'hui considéré comme l'auteur de l'épopée sanscrite du *Mahabharata*, ainsi que de la compilation d'autres recueils célèbres de textes indiens, tels que les Védas et les Puranas. Ces récits écrits et oraux divertissaient les membres de notre famille, qui en tiraient également des enseignements pour la vie quotidienne. Aujourd'hui, en tant que conférencier, je partage ces histoires qui ont tant résonné en moi tout au long de mon enfance.

Les récits traditionnels commencent généralement par « Il était une fois ». Ce livre-ci commence un peu différemment : « Il était une fois *votre* histoire ».

Vous avez une histoire, celle que vous écrivez depuis votre naissance, et il est essentiel que vous en restiez toujours le personnage central. N'oubliez pas d'aimer la personne que vous êtes. Je vous entends me dire : « Ce ne serait pas un peu égoïste ? » Bien au contraire.

Qui n'a pas déjà entendu la célèbre devise attribuée à Socrate et gravée sur le fronton du temple de Delphes : « Homme, connais-toi toi-même, et tu connaîtras l'univers et les dieux » ? Et vous, vous connaissez-vous ? Qui êtes-vous ? La question est simple, la réponse l'est moins. Les mots sont un excellent point de départ, mais la connaissance de notre être intérieur est une question de ressenti plus que de définitions.

Une partie de mon travail consiste à vous aider à neutraliser les effets d'un monde qui vous éloigne de qui vous êtes. Beaucoup vous parleront de ce que vous n'êtes pas ou se plairont à vous faire le catalogue de tout ce qui ne va pas chez vous. Je souhaite pour ma part vous aider à reconnaître tout ce qui est bien. Beaucoup seront prompts à dire que vous devriez être davantage comme ceci, davantage comme cela. Je suis là pour vous dire que vous détenez en vous la perfection.

Vous avez une histoire, celle que vous écrivez depuis votre naissance, et il est essentiel que vous en restiez toujours le personnage central. N'oubliez pas d'aimer la personne que vous êtes.

Mon message commence par cette vérité fondamentale que la paix réside en chacun de nous – sans exception. Cette déclaration me paraît essentielle face à toute la confusion, le cynisme, la peur et le désespoir qui existent dans le monde. Mon approche est volontairement simple, pratique et facile à appliquer. Il ne s'agit pas d'étudier pendant des années : ce qu'il vous faut est déjà en vous. Mais la connaissance de soi ne peut vraiment débuter que lorsqu'on prend la responsabilité de son propre bien-être et que l'on choisit d'explorer son intériorité.

« Se connaître est le début de toute sagesse », selon Aristote. De la connaissance de soi et de la paix intérieure découlent en effet des sensations de joie et d'épanouissement, d'amour et de lucidité. Ces états ont aussi le pouvoir de vous orienter vers une trajectoire de résilience, de reconstruction.

Gardez cette pensée en vous un moment : vous possédez une réserve de quiétude intérieure pour votre vie entière, elle ne dépend de personne ni de rien d'extérieur. Cette paix est à vous et à vous seul. Elle est parfaite, elle vit dans votre cœur. C'est vers cette sérénité que nous nous dirigeons maintenant.

J'aime citer le poète Kabîr, un être complet et tout à fait universel, à la fois musicien, tisserand, mystique, philosophe. Concernant cette vibration intime qui est la nôtre, il écrivait : « Si vous cherchez la vérité, la voici : écoutez le son secret, le vrai son qui est en vous. » La connaissance de soi est semblable à une musique : lorsque vous commencez à comprendre qui vous êtes, vous percevez les nombreuses et magnifiques harmoniques que la vie peut vous offrir. Exactement comme si vos oreilles s'accordaient à de nouvelles fréquences. Enfin, par-delà le bruit, vous vous entendez.

Je me souviens d'un temps où, à Dehra Dun, les habitants jouaient de la musique chez eux, juste pour leur plaisir. Peu étaient de véritables musiciens, loin de là, néanmoins ils jouaient en permanence, souvent entourés de leurs animaux et des gens de leur demeure qui vaquaient à leurs occupations. Untel possédait un *dhapli*[1], tel autre un petit instrument à

1. Tambourin indien.

clavier comme un harmonium, tel autre encore un instrument à corde unique comme l'*ektara*, une sorte de guitare. En général, le rendu sonore était assez rudimentaire, mais les musiciens étaient totalement pris par leur jeu. Mon père restait parfois devant le seuil de leur maison à les écouter.

– Chut ! nous disait-il, ne leur faites pas savoir que nous sommes là, ils s'arrêteraient de jouer !

Il voulait les laisser s'exprimer librement, sans se soucier de leurs performances artistiques, sans s'efforcer d'être techniquement parfaits. Concentrés sur l'instant. Cet exemple s'applique tout aussi bien à la pratique de la connaissance de soi : l'important n'est pas la perfection de l'instrument ni la réaction du public à la prestation de l'artiste, mais ce que ressent celui-ci.

Songez à l'impact que cela pourrait avoir sur les individus, sur les familles, les communautés, la politique, la guerre, sur notre monde.

Eh bien, comme tout commence par soi-même, cette personne, c'est vous.

Allons-y.

CHAPITRE 1

Le bruit qui nous assaille

Notre temps est précieux. Qui sait de combien d'années nous disposons encore ? Chaque jour, nous recevons le fabuleux don de la vie. La plus grande responsabilité que nous ayons est de veiller à vivre chaque instant le plus intensément possible. Pour tirer le meilleur parti de notre temps, nous devons accorder une pleine attention à l'essentiel, à ce que nous avons vraiment à faire, à ce qui nous comble le plus.

Tout le reste n'est qu'agitation et divertissement.

Tous les jours, j'ai besoin que mon emploi du temps soit clair. Mon programme d'aujourd'hui, c'est la joie. Mon programme d'aujourd'hui, c'est la gentillesse. Mon programme d'aujourd'hui, c'est l'épanouissement. Mon programme d'aujourd'hui, c'est l'amour. Par-dessus tout, mon programme d'aujourd'hui, c'est de vivre en paix. Si des activités autres peuvent surgir dans notre quotidien – des tâches pratiques et nécessaires –, aucune ne doit me détourner de la priorité de vivre pleinement ma vie.

Il se présente une infinité d'opportunités dans notre monde ; cependant, si nous sommes uniquement impliqués dans ce qui se déroule à l'extérieur, nous entrons en déséquilibre. Notre vision est plus claire lorsque nous regardons à la fois à l'extérieur *et* à l'intérieur de nous-mêmes.

Quand je dis « à l'intérieur de nous », je fais référence à la partie la plus profonde de notre être. Je pense au cœur plutôt qu'au mental. Trop facilement, nous pouvons passer le plus clair de notre temps dans le monde agité de l'esprit (le domaine des pensées, des idées, des attentes, des projections, des angoisses, de la critique et de la rêverie sur les phénomènes extérieurs) et finir par nous demander un jour : « Ce n'est donc que cela, la vie ? » ou « Je ne suis rien d'autre que cela ? Suis-je juste le véhicule de ces pensées qui me traversent inlassablement ? »

N'est-ce vraiment que cela, la vie ? Rien que cela ce que nous sommes ? Ou sommes-nous davantage qu'un mental dans un corps ? La réponse est que l'existence et nous-mêmes sommes mille fois plus riches que ce qui se passe dans notre tête. En effet, c'est souvent le mental qui nous détourne d'une relation profonde avec notre moi véritable. Le problème pour la plupart d'entre nous est que nous avons grandi dans un environnement tourné vers l'extérieur sans jamais apprendre comment nous relier à notre monde intérieur autrement que par la pensée.

Sans une relation plus profonde à soi, nous pouvons avoir l'impression qu'il nous manque quelque chose – peut-être le plus important – sans savoir précisément ce qui nous fait défaut, ni comment le trouver. Ce qui nous manque, c'est un lien avec notre capacité de ressentir la paix intérieure, de contacter l'essence de notre être. Lorsque nous sommes reliés à la paix, une clairvoyance et un sentiment précis de l'essentiel viennent enrichir notre vie. Lorsque nous commençons chaque journée par un moment de calme – autrement dit, un moment où l'on va véritablement plonger en soi –, nous sommes alors capables d'évoluer dans le monde extérieur en nous concentrant sur ce que nous voulons profondément accomplir, découvrir et ressentir.

Ainsi, la paix, l'épanouissement et tant d'autres richesses sont à notre disposition, mais nous devons nous assurer que nous regardons au bon endroit. Avant d'aller plus loin, il me paraît utile d'expliquer un peu mieux ce que j'appelle « le bruit ».

Peut-être vous reconnaîtrez-vous dans ceci :

Vous sortez du sommeil et ouvrez lentement les yeux, vous bâillez et vous vous étirez. Et immédiatement toutes ces pensées à propos de la journée qui s'annonce vous sautent dessus. Tous ces buts que vous devez atteindre, ces objectifs que vous devez poursuivre. Toutes ces attentes, ces appréciations de la famille, des amis et des collègues. Tous ces problèmes à la maison ou au travail. Tous ces tracas à propos de faits qui se sont produits la veille ou qui pourraient se produire demain. Le passé et l'avenir se confondent dans une cacophonie de bruits discordants.

C'est comme si les nombreuses préoccupations de votre monde étaient patiemment assises au pied de votre lit, attendant que vous émergiez du sommeil. Et voilà qu'elles se précipitent dans votre vie. Parfois, même les diversions sont si impatientes qu'elles viennent vous réveiller bien trop tôt dans la matinée. « C'est l'heure de se lever ! crient-elles. Nous avons besoin de nous nourrir ! »

Ainsi le bruit qui nous assaille peut-il nous détourner de la joie d'être en vie.

Ça va passer

La technologie était censée nous aider à relever le défi du surmenage, nous libérer des tâches ennuyeuses et envahissantes, et nous laisser libres de profiter davantage de ce que nous aimons. Cela ne s'est pas vraiment passé de cette façon.

Nous pouvons apprécier ses avantages, mais avec les prouesses surgissent les problèmes. Nous devons veiller à ce que la technologie fonctionne à notre profit, et non l'inverse. Lorsque j'ai l'impression que celle-ci commence à diriger ma vie, je n'aime pas cela. Je tiens à garder le contrôle et à prendre les décisions qui me concernent.

Je trouve le lien émotionnel que les hommes tissent avec leurs appareils (ordinateur, tablette, portable...) plutôt surprenant. Un jour, au Cambodge, je donnais une conférence devant de brillants étudiants et une jeune femme m'a posé une question.

– J'ai regardé vos vidéos. Vous dites que nous ne devrions pas vivre dans le passé, mais dans le présent...

J'ai immédiatement supposé qu'elle devait avoir vécu quelque chose de traumatisant. Elle a continué :

– Hier j'ai perdu mon téléphone. Je suis contrariée et même triste. Que puis-je faire pour ne plus y penser et retrouver ma tranquillité d'esprit ?

Je ne m'attendais pas à ce qu'elle soulève un point aussi dérisoire. Je lui ai répondu :

– Êtes-vous née avec un téléphone ? Non. On ne peut faire dépendre ses moments de bonheur ou de tristesse d'un téléphone. Pour vivre, avez-vous besoin d'un téléphone ? Savez-vous combien de temps les civilisations ont existé avant cette invention ? Pendant des milliers et des milliers d'années, les hommes n'en ont eu aucun besoin. Étaient-ils tristes pour autant ? Non ! Les choses apparaissent et disparaissent. Votre joie ne peut pas être liée à ces objets. Devez-vous vous préoccuper de cette perte ? Oui. Devez-vous vous en attrister ? Non ! Les arbres qui ne ploient pas sous un vent fort se brisent, ceux qui savent se balancer dans le vent sont toujours là. Ce n'est qu'une tempête, elle passera. Soyez plus forte qu'elle, et vous irez bien.

Un autre m'interrogea :

– Que va-t-il se passer quand l'intelligence artificielle interviendra dans nos vies ?

– Eh bien, vous serez toujours vous. Et je serai toujours moi. Les êtres humains seront toujours des êtres humains.

Le problème est que nous n'arrivons pas à nous débarrasser de nos besoins non comblés, de nos désirs insatisfaits, de certaines envies obsessionnelles.

La modernité est une bonne chose, sauf quand elle nous empêche de profiter de la richesse de la vie. Certains d'entre nous sont tellement occupés à vouloir réussir qu'ils n'ont pas le temps d'apprécier ce qu'ils sont devenus. D'autres veulent aller toujours plus loin et ne savent plus où ils sont au moment présent. Nous sommes des êtres « toujours en marche ».

Toutes les générations essaient de trouver des moyens de combler ce désir insatiable d'autre chose. Sénèque semble avoir anticipé le symptôme dit « du FOMO » (acronyme de l'anglais *fear of missing out*), une anxiété sociale caractérisée par la peur constante de rater quelque chose. Dans son traité *De la brièveté de la vie*, le philosophe romain écrit :

> Les hommes voyagent loin et partout, parcourent des rivages étrangers, faisant le procès, par terre et par mer, de leur agitation qui déteste ce qui l'entoure. « Allons maintenant en Campanie », disent-ils. Puis, quand ils se sont lassés du luxe, ils disent : « Visitons des terres incultes, explorons les forêts des Bruttiens et la Lucanie. » Mais dans les régions sauvages, il leur manque un certain plaisir... Ils entreprennent des voyages les uns après les autres, passant de spectacle en spectacle.

Le monde extérieur nous offre de formidables occasions de rencontrer les autres et de vivre de nouvelles aventures. La technologie des communications élargit énormément ces possibilités, notamment le monde des réseaux sociaux, et c'est très bien ainsi. Mais qu'en est-il en votre for intérieur ? Vous « followez-vous » ? Est-ce que vous vous « likez » ? Savez-vous être votre propre « ami » ? Si vous ne pouvez être un ami pour vous-même, pouvez-vous vraiment l'être pour quelqu'un d'autre ?

Nous avons juste besoin de poser notre portable et de nous retrouver avec la personne qui est notre plus grand ami : nous-même. Comme le remarquait Lao Tseu :

« C'est une bonne chose de connaître ses amis, mais c'est une vraie sagesse de se connaître soi-même. »

On cherche à connaître, et souvent à suivre, la tendance du moment. *Qu'est-ce qui est tendance en ce moment ? Je peux vous dire ce qui est tendance : vous.*

Le jour de notre naissance, nous avons commencé à être « tendance », et nous allons continuer à l'être jusqu'au jour où nous ne le serons plus : nous ne serons plus là du tout. Et alors rien de ce monde n'aura plus d'importance pour nous. Ce jour-là, notre téléphone pourra émettre des appels, des signaux, des alertes et des bips tant qu'il voudra, nous ne serons plus là pour l'entendre et répondre !

Maintenant, quelques bonnes nouvelles

Vous souhaitez parvenir à un meilleur équilibre entre ce qui se passe dans le monde et ce qui se passe en vous ? Réduire les sources de perturbation dans votre vie et trouver le bonheur ? Vivre ce doux sentiment d'être joyeux et épanoui dans le moment présent ? Baisser le volume du brouhaha et entendre votre voix intérieure ? Tout cela est parfaitement possible. Mais nous devons d'abord comprendre que le bruit du monde n'a rien à voir avec le fait de ressentir la paix en soi. Les hommes tentent n'importe quoi pour y échapper. Ils se glissent sous les couvertures et mettent leur tête sous les oreillers ; ils escaladent les montagnes, marchent dans les forêts, courent ; ils grimpent jusqu'à neuf mille mètres et plongent sous les vagues ; ils entreprennent des pèlerinages et font des retraites silencieuses dans des lieux reculés : ils vont au temple, à l'église, à la mosquée, au centre commercial, au bar ou chez le dealer.

Mais le bruit est toujours là, comme vissé dans leur tête. Impossible de lui échapper.

Se fuir est une option, sauf que si nous ne trouvons pas la paix intérieure, le bruit, lui, nous trouvera toujours. Serait-ce une fatalité ? Si le bruit nous arrive, c'est parce que nous le laissons nous atteindre. Nous avons la possibilité de choisir quand où éteindre nos appareils numériques et autres. De même, qui nous empêche de gérer notre messagerie mentale ou de choisir qui nous écoutons, à qui nous nous intéressons et à qui nous répondons ?

Certains essaient d'échapper au bruit en grimpant à des altitudes invraisemblables. Laissez-moi vous emmener un moment là-haut. Dans le cockpit d'un avion, du fait d'une automatisation importante, un grand nombre de décisions sont prises par les ordinateurs. Ainsi, à mesure que la technologie s'est développée, les pilotes – dont je suis – se sont plus préoccupés de l'automatisation que de la conduite de l'avion. Mais il faut piloter l'avion, et non les ordinateurs, surtout en cas d'urgence. Lorsque nous nous entraînions, nos instructeurs nous disaient :

– S'il y a un problème, éteignez tout et faites ce que vous avez toujours fait : pilotez l'avion !

C'est exactement ce que nous devons faire quand le bruit devient trop fort dans notre vie : couper les autres appareils et nous envoler. Et ce geste est un choix de notre part.

On peut *aussi* choisir de tourner son attention vers soi. Le bruit – qu'il vienne du mental ou de l'extérieur – cesse alors d'être un intrus et devient cet ami agité, bruyant et dynamique, que nous ne voyons que lorsque cela nous fait plaisir. Il est vain de choisir entre la technologie et la paix intérieure, entre le bruit et le sentiment de plénitude, entre le monde extérieur et le monde intérieur. Nous ne sommes pas obligés de sacrifier les uns au détriment des autres, nous devons simplement nous assurer que c'est nous, et personne d'autre, qui décidons vers quoi diriger notre attention.

Le gang des voleurs

On nous vole notre temps. Mais qui donc ouvre la porte aux voleurs ? Nous ! Nous faisons entrer le monde extérieur en nous par portes et fenêtres. Souvent, il est enrichissant de rencontrer de nouvelles personnes, de se confronter à de nouvelles situations et de tomber sur de nouvelles informations, cela fait partie de l'apprentissage de la vie. Pour autant, nous devons rester les gardiens de la porte de notre esprit et de notre cœur. Lorsque nous permettons à n'importe qui et à n'importe quoi d'entrer en notre for intérieur, nous devenons complices. C'est nous qui sommes la première cause de notre agitation, la source de notre désarroi, les responsables de notre mal-être, nous qui sommes à l'origine de notre confusion. Mais nous sommes aussi la source principale de toutes les puissantes vertus qui peuvent nous ramener à la joie, à la lumière, à l'épanouissement, à la concentration et à la paix intérieure.

Il est vain de choisir entre la technologie et la paix intérieure, entre le bruit et le sentiment de plénitude, entre le monde extérieur et le monde intérieur. Nous ne sommes pas obligés de sacrifier les uns au détriment des autres, nous devons simplement nous assurer que c'est nous, et personne d'autre, qui décidons vers quoi diriger notre attention.

Quand nous dépendons tellement des choses et que nous perdons contact avec nous-mêmes, nous avons alors besoin de fermer temporairement la porte au monde extérieur et de nous tourner vers notre être intérieur. C'est là, dans ce retour sur soi, que nous trouvons notre vraie liberté. Je suis la seule personne à pouvoir faire cela pour moi ; vous êtes la seule à pouvoir le faire pour vous. Personne d'autre que vous n'a accès au réglage de votre volume sonore.

Le bruit engendre le bruit. On le couvre avec un volume de plus en plus fort, et ainsi de suite. Pourtant il est une chose qui vainc le bruit : le silence en vous. Voici ces quelques vers de Rûmî, poète musulman.

> Vous êtes un chant, un chant désiré.
> Il traverse l'oreille jusqu'au centre,
> Le lieu du ciel, le lieu du vent,
> Le lieu de la connaissance silencieuse.

Quand nous faisons taire le bruit en nous, nous pouvons entendre notre cœur. Alors nous commençons à percevoir une voix douce et bienveillante : un appel, fait non pas de mots, mais de sentiments. Quels sentiments ? L'expression la plus intime qui soit : « je suis, je suis, je suis ». Un chant du cœur qui nous invite à être pleinement à la hauteur de l'occasion, de la vie elle-même.

Lucidité et action

Quand nous éprouvons de la douleur et de la souffrance, nous cherchons des explications, mais cela peut se révéler être un véritable casse-tête. Plutôt que d'essayer de trouver des explications, la première chose que je fais, face à un problème sérieux, est de me tourner vers moi-même et de me reconnecter à l'essentiel : « Je suis. » Je suis. Je suis. Cela donne

« Vous êtes un chant, un chant désiré.
Il traverse l'oreille jusqu'au centre,
Le lieu du ciel, le lieu du vent,
Le lieu de la connaissance silencieuse. »

Rûmi

la meilleure perspective pour considérer le problème qui se présente. S'approcher de la connaissance de soi commence par la prise de conscience de ce qui est essentiel : vous êtes en vie – c'est magnifique – et votre existence est unique. Vous êtes ici, en train de respirer, devant vous l'horizon de tous les possibles est ouvert.

Lorsque des problèmes surviennent, nous avons plusieurs options : choisir de les voir pour ce qu'ils sont, les aborder directement ou les contourner et passer à autre chose. Imaginez-vous pilote dans un cockpit. Tout se passe bien jusqu'au moment où vous rencontrez des turbulences en ciel clair. Vous ne les voyez pas, vous les sentez. Elles commencent généralement lentement et, souvent brusquement, elles empirent et il faut agir au plus vite : il est temps de changer d'altitude et de trouver un air plus propice. Monter, descendre, voler à gauche, voler à droite… Il se passe la même chose avec les orages, mais l'avantage est que le pilote les repère visuellement.

De même, dans notre vie quotidienne, il y aura toujours des moments de turbulence, nous ne les voyons pas toujours venir. Nous devons trancher : soit nous inquiéter, soit changer d'altitude. Mieux vaut faire un choix car continuer à voler en pleins trous d'air sans se décider plonge dans un inconfort total. On oublie le beau voyage, la vue magnifique à travers les hublots, et on cesse de parler à ses compagnons de cabine.

Au cœur des fracas de nos vies, nous pouvons toujours méditer sur la fleur de lotus qui s'épanouit, y compris lorsqu'elle est enracinée dans de l'eau sale. *Même si son environnement est souillé, la fleur est toujours belle.* Lorsque nous nous sentons assaillis par des épreuves, nous pouvons choisir de ne pas laisser l'eau trouble des circonstances nous empêcher d'exprimer notre joie d'être, tout simplement.

Et si… ?

Regret du passé et angoisse de l'avenir : il est difficile de s'épanouir si on se laisse continuellement emprisonner entre ces deux émotions négatives. Les souvenirs nous harcèlent. Les soucis du lendemain nous hantent. Et si cela ne s'était pas produit ? Et si cela se produisait ? Notre imagination nous entraîne. Certaines personnes ne peuvent pas supporter de se souvenir du passé, alors elles se tournent vers la sécurité apparente de l'avenir. D'autres vivent dans un monde nostalgique parce qu'elles ont peur du lendemain. Et si ? Et si ? Et si ?

> Sparte était l'une des principales cités-États de la Grèce antique et ses habitants étaient réputés coriaces. Après avoir envahi le sud de la Grèce et pris d'autres villes importantes, le roi Philippe II de Macédoine tourna son attention vers Sparte. Il leur envoya un message leur demandant s'il devait venir en ami ou en ennemi.
>
> Ceux-ci répondirent : « Ni l'un ni l'autre. »
>
> Alors Philippe envoya un autre message : « Je vous conseille de vous soumettre sans plus tarder, car si je fais entrer mon armée dans votre pays, je détruirai vos fermes, je tuerai votre peuple et raserai votre ville. »
>
> Les Spartiates répondirent par un seul mot :
>
> « Si… »
>
> Et Philippe ne tenta jamais de conquérir Sparte.

Et si ? Et si ? Et si ? Sur ce point, nous devrions peut-être adopter leur méthode et remettre en question ce qui nous fait peur. Notre vie est trop souvent façonnée par l'imagination négative et les projections.

Une reine possédait un magnifique collier. Tandis qu'elle était sur son balcon en train de faire sécher ses cheveux, elle enleva son bijou et l'attacha à un crochet. Une corneille qui passait le vit scintiller au soleil, le saisit dans son bec et s'envola. Quelques minutes plus tard, l'oiseau laissa tomber le collier dans un arbre. Il resta accroché à l'une des branches, au-dessus d'une rivière polluée.

Lorsque la reine voulut remettre son collier et constata qu'il avait disparu, elle entra dans une colère noire :

– Qui l'a volé ? s'écria-t-elle.

Elle le fit quérir partout, mais personne ne put le trouver. Elle dit au roi :

– Si je ne retrouve pas mon bijou, je ne mangerai plus jamais.

Le roi en fut alarmé. Il envoya son armée et d'autres personnes en quête du collier qui resta introuvable. Le roi fit alors une annonce publique :

– Celui qui trouvera le collier héritera de la moitié de mon royaume.

Tous se mirent alors à chercher sérieusement.

Le jour suivant, un général qui se promenait non loin de l'arbre crut l'apercevoir dans la rivière qui coulait en contrebas. Il sauta immédiatement dedans parce qu'il désirait la moitié du royaume. Le ministre vit le général plonger et, croyant lui aussi apercevoir le collier, il s'élança à son tour. Le roi vit son général et son ministre regarder dans la rivière, et sauta dedans. À ce moment-là, d'autres soldats et villageois arrivèrent, et tous plongèrent dans l'eau les uns après les autres.

Finalement, quelqu'un doté d'un peu de sagesse intervint :

– Que faites-vous ? Le collier n'est pas dans l'eau, il est là-haut, dans cet arbre. Vous vous acharnez sur son reflet.

Alors le roi lui dit :

– Puisque tu as trouvé le collier de la reine, la moitié de mon royaume est à toi.

Et le sage répondit :

– Merci, je suis heureux comme je suis.

Moralité ? Nous nous précipitons sans réfléchir vers nos illusions.

La vie ne se déroule qu'au présent. En ce moment même. En cette seconde. Puis en celle-ci. Et en celle-ci encore. Nous ne pouvons vivre ni dans le passé, ni dans le futur. C'est ici et maintenant que la magie opère, c'est aujourd'hui que nous pouvons ressentir paix, joie et amour, c'est là où nous devons être : présents dans le présent. Pour ressentir l'aujourd'hui, il nous faut écarter hier et demain : reste alors le réel. La seule peur de rater quelque chose qui devrait nous préoccuper est précisément de passer à côté de la réalité.

Aujourd'hui est un miroir. Il nous reflète parfaitement. Authentique et juste, il réfléchit non seulement notre visage, nos cheveux et nos vêtements, mais encore tout ce que nous sommes. Il nous renvoie notre lucidité ou notre confusion, notre assurance ou notre incertitude. Il reflète notre bienveillance ou notre colère.

Si vous vous teniez devant un miroir, que verriez-vous ? Qui verriez-vous ? Que représente votre reflet pour vous ? Vous voyez-vous à travers vos propres yeux ? Vous voyez que votre apparence a changé au fil des ans, mais arrivez-vous à ressentir ce quelque chose en vous qui n'a jamais changé ?

Au centre de votre monde

Nous sommes nés avec la paix au fond du cœur : elle est toujours en nous, au centre de notre monde intérieur. Malgré nos épreuves et nos dispersions, en dépit de nos difficultés et de notre confusion, la paix peut régner en chacun de nous.

Vous voyez que votre apparence a changé au fil des ans, mais arrivez-vous à ressentir ce quelque chose en vous qui n'a jamais changé ?

Quoi qu'il se soit passé dans nos vies, nous avons *toujours* l'occasion de réunir les éléments épars de nous-mêmes. Au fur et à mesure que notre vie extérieure devient plus intense ou plus astreignante, il peut nous arriver de perdre contact avec l'essentiel. Mais tout ce qui est hors de nous ne fait qu'aller et venir, bonheur et malheur sont passagers.

Supprimez le bruit de votre vie et la seule chose qui demeurera, c'est vous. Vous êtes, au plus profond de votre cœur, la permanence.

Certaines personnes passent leur vie entière à chercher la paix à travers toutes leurs actions. Mon conseil est de cesser de la chercher. La paix n'est pas une idée. La paix n'est pas une théorie. Elle n'est pas une recette. Elle est en vous. Pas dans les choses matérielles. Et elle est là pour être sentie, ressentie, vécue, chérie et célébrée. Le poète Kabîr le formule en ces termes :

Calmez votre esprit, calmez vos sens,
Calmez votre corps.
Puis, quand tout en vous est serein, ne faites rien.
Dans cet état, la vérité se révélera à vous.

Le processus pour atteindre la connaissance de soi et révéler la paix intérieure est simple, mais pas toujours facile. Certains gagnent en lucidité en un instant, d'autres s'y efforcent tout au long de leur vie.

CHAPITRE 2

Sur la vie, la mort et d'autres sujets

Il existe une puissance qui régit l'univers depuis l'origine des temps. Elle était là avant nous et elle nous survivra. Elle imprègne chaque atome et a donné vie à cette merveille qu'est la Nature dont l'être humain fait partie.

Tout ce que nous voyons, touchons, entendons, sentons et goûtons est une expression de cette force. Elle est présente dans les montagnes et les vallées, et même au fond des grottes. On la trouve dans les forêts et dans la jungle, et dans chaque grain de sable des déserts et des plages. Dans les vastes océans, dans les lacs et les étangs, dans les rivières rugissantes, les chutes d'eau et les ruisseaux paisibles. Elle est dans la pluie, la brume et le brouillard, dans la glace et la neige, dans chaque rayon de soleil et chaque souffle de vent. Dans chaque ville, dans chaque village et dans chaque foyer. Dans tout ce que nous respirons, mangeons et buvons. Elle est en nous et autour de nous : elle est partout.

Cette force vitale relie tous les êtres vivants. Certains appellent cette force Dieu, d'autres lui donnent un autre nom. Peu importe, elle *est*, tout simplement.

Le miracle que vous êtes

La force vitale universelle se manifeste sous de nombreuses formes, depuis la poussière cosmique – ces minuscules éléments constitutifs de notre univers – jusqu'aux innombrables espèces en cours d'évolution, se reproduisant et s'adaptant sans cesse. Imaginez le chemin parcouru par l'espèce humaine qui, d'organismes unicellulaires apparus dans les océans, a évolué pour devenir ces créatures qui se déplacent sur la Terre et sont même allées marcher sur la Lune !

L'espace d'un instant, essayez de visualiser tous les êtres vivants qui ont existé sur terre, l'échelle de l'évolution sur plusieurs millions d'années. Songez à l'incroyable variété de plantes et d'animaux qui sont apparus. On estime qu'il y a aujourd'hui plus d'arbres sur cette planète que d'étoiles dans notre galaxie – actuellement 234 milliards d'étoiles, selon une étude de la revue scientifique *Nature*. Alors imaginez les milliards de milliards d'arbres qui ont pu exister depuis la naissance de la Terre.

Pensez à toutes les espèces de roses sauvages, aux insectes qui ont pu apparaître et disparaître, aux montagnes et aux vagues qui se sont formées pour s'évanouir, aux humains qui ont traversé les siècles. Pensez à l'échelle de cette Création et à tout ce qui vous a précédé, pour aboutir à vous, à votre présence ici et maintenant en tant qu'expression vivante et respirante de cette force de vie. Cette énergie qui ondule à travers l'univers passe maintenant par vous sous la forme du souffle qui vous anime. Vous voilà, surfant sur cette vague de créativité inouïe.

Le moment que vous êtes en train de vivre vient des origines du monde, il y a des milliards et des milliards d'années.

Sentez-vous que vous faites partie de ce grand courant d'énergie ? […] Il apparut il y a longtemps, et poursuivra sa course nul ne peut prédire jusqu'à quand ? Vous faites partie du grand cycle de la Nature qui donne la vie, la prend, la redonne, la reprend. Une graine tombe, un arbre va pousser. Une autre graine tombe et se transformera en fleur, en légume. Une autre graine tombe encore, et elle se décomposera. Arrêtez-vous un instant sur la belle indifférence de la Nature à tout, hormis aux lois implacables de la création et de la mort.

Quelque part en ce moment même, des étoiles explosent avec une force inconcevable, pendant qu'ici, sur terre, des êtres naissent. Et puis il y a vous, au sein de cet univers en constante expansion, en perpétuelle évolution, qui ressentez la perfection de l'être.

L'histoire d'un succès

La force à l'œuvre dans l'univers a temporairement créé une étroite tranche de temps entre le passé et le futur, dans laquelle tout se passe ; on l'appelle le présent, au cours duquel a lieu toute action. C'est là que nous existons ainsi que tout le reste. Quel problème ou quelle attente seraient assez pressants pour nous détourner de la beauté parfaite du moment présent ?

Chaque fois que vous voyez un arbre, une fleur, un brin d'herbe, c'est l'histoire d'un succès. D'abord simples pousses, ils ont grandi, ils ont fleuri, ils vivent. Vous aussi, vous êtes la preuve de ce miracle appelé la vie. Vous êtes une success-story en chair et en os.

Pour certains, nous ne sommes que les accidents ou les conséquences de l'évolution. Après tout, nous sommes composés à 99 % d'oxygène, d'hydrogène, de carbone, de calcium, d'azote et de phosphore. Si on mélangeait ces éléments dans une bouteille, que l'on y ajoute 0,85 % de potassium, de soufre, de sodium, de chlore et de magnésium, puis que l'on complète avec le 0,15 % d'éléments restants, cela donnerait-il un être humain ? Cela pourrait peut-être représenter notre corps, mais ne sommes-nous rien de plus ? Pourriez-vous tomber amoureux du contenu de cette bouteille ? Pourriez-vous parler à cette bouteille de beauté, de famille et de bienveillance ?

Quelque part en ce moment même, des étoiles explosent avec une force inconcevable, pendant qu'ici, sur terre, des êtres naissent. Et puis il y a vous, au sein de cet univers en constante expansion, en perpétuelle évolution, qui ressentez la perfection de l'être.

Nous sommes bien plus que la somme de nos composants biologiques, notamment parce que nous pouvons nous relier à nous-mêmes ainsi qu'à tous les êtres vivants qui nous entourent. Chaque moment nous offre l'occasion de comprendre et d'exprimer notre gratitude envers la vie. Choisir de saisir cette chance est une autre question.

Le rythme précieux de notre souffle

Ceux qui cherchent un miracle pour expliquer leur raison d'être ont oublié qu'un miracle se produit tous les jours : nous respirons. Nous sommes nés, et l'aventure humaine se joue à la fois autour de nous et en nous. À chaque respiration, nous avons la possibilité de choisir notre rôle et de le jouer, d'écrire l'histoire de la vie.

Ce monde est source de beaucoup de bruits, pendant qu'en nous résonne un seul chant : celui du souffle qui nous anime et qui dure toute notre vie. Toutes sortes de cadences désynchronisées s'affrontent à l'extérieur, pendant qu'en nous le va-et-vient du souffle rythme notre vie. Chaque respiration est une grâce, un bonheur qui va, qui vient.

À l'instant de notre naissance, aucune des personnes présentes dans la salle d'accouchement ne cherchait à savoir si nous étions un garçon ou une fille. Une seule chose comptait : est-ce que le nouveau-né respire ? Lorsque ce n'est pas le cas, le médecin prend le bébé par les pieds, lui donne une petite tape dans le dos et lui dit « Respire ! » jusqu'à ce que l'enfant crie et que le souffle de vie le pénètre. Comme il est réconfortant pour une nouvelle mère d'entendre son bébé respirer ! Le rythme de la respiration du nourrisson rassure encore et encore : « Tout va bien, tout va bien, tout va bien. »

À la fin de la vie, lorsqu'on se retrouve à l'hôpital, comment les médecins ont-ils la certitude que l'on est mort ? Ils vérifient si le patient respire… Le souffle, c'est la vie.

Écoutez ce couplet du poète et philosophe hindou Tulsidas qui vécut au XVIe siècle :

> Ce corps est le vaisseau qui me permet
> De traverser l'océan de la confusion.
> Le va-et-vient du souffle est une bénédiction pour moi.

Je m'imagine sur cet océan, hissant ma voile pour la traversée. Je choisis de prendre le large. Les vagues sont les vagues du bien et du mal, du vrai et du faux, de tout changement qui nous touche. Ce sont les vagues de l'amour et du dégoût, de l'espoir et de la déception, du regret et de l'anxiété, nous devons naviguer à travers tout cela, et nous sommes équipés de tout ce dont nous avons besoin pour accomplir le voyage. Il suffit de hisser la voile et de prendre le vent qui souffle pour nous, prêt à nous diriger à travers des eaux agitées vers des eaux plus tranquilles, des océans de clarté.

Nous nous perdons trop souvent dans un océan de confusion, hypnotisés par l'illusion (*maya*, en hindi) de ce qui change en permanence dans le monde extérieur et dans notre esprit, et que l'on prend pour la réalité. En fin de compte, la vérité se trouve au plus profond de nous. La sagesse, c'est d'être conscient de cela.

La mante religieuse est un insecte qui sait prendre l'aspect de la fleur sur laquelle elle se pose. Un autre insecte passant par là, lui, ne voit qu'une fleur, inconscient du danger. Au moment où la mante se déplace et révèle sa vraie nature, la proie réalise son erreur. Mais quand sommes-nous vraiment conscients de la vie ? Même lorsque nous entrevoyons la vérité, ne retombons-nous pas aussi vite dans l'illusion, tel l'insecte qui ne voyait là qu'une fleur ? Combien de temps passons-nous à croire en la *maya* ? Et, pourtant, le va-et-vient de notre respiration est la bénédiction qui nous oriente vers la réalité – à travers chaque inspiration, chaque expiration.

L'être humain a depuis longtemps fait le lien entre la respiration et le sentiment du soi intérieur, l'expérience de quelque chose de plus grand que ses seules composantes physiques.

Par exemple, le mot hébreu *ruah*, qui apparaît souvent dans l'Ancien Testament, signifie à la fois « esprit », « souffle » et « vent ». On pourrait trouver d'autres mots qui combinent différentes acceptions, dans d'autres langues et d'autres ouvrages religieux. Ainsi le mot « psyché ». L'évolution de son sens illustre la façon dont nous sommes susceptibles de perdre de vue l'essentiel. Les premières formes du terme « psyché » étaient à l'origine une fusion des mots « vie » et « souffle », pour en venir à signifier par la suite « l'âme, l'esprit, le soi. » Rares sont ceux qui l'associent encore à la respiration. Et de fait, nous accordons aujourd'hui une plus grande attention à notre pensée et à nos états d'âme qu'à notre respiration. Nous sommes capables d'embrasser toute la complexité de notre esprit tout en négligeant la simplicité vitale de notre respiration.

Célébrer chaque souffle

La présence du souffle dans notre vie n'est subordonnée à aucune condition. Jour après jour, le souffle nous est donné, sans avoir pris rendez-vous, sans porter de jugement. Il vient quand nous avons été bons et quand nous avons été mauvais. Il vient quand nous n'y pensons pas et quand nous y pensons. Il n'est rien de plus précieux. Aucune fortune n'est assez grande pour l'acquérir. Voilà à quel point nous sommes riches ! Nous sommes en possession d'un bien inestimable.

Nous devons accueillir ce don du souffle ; le comprendre, le chérir. Nous devons aussi être capables de reconnaître quand le brouhaha de la vie – et notamment de nos pensées – nous distrait de la beauté de ce rythme vital. Les regrets et les craintes, par exemple, peuvent brouiller notre capacité de voir ce qui est.

La lucidité est l'appréciation claire du fait que nous jouissons de l'existence. Son contraire est la confusion, et l'une des plus puissantes sources de confusion est l'inquiétude. La racine historique du mot anglais *worry*, « inquiétude », est l'anglais ancien *wyrgan*, qui signifiait à l'origine « étrangler ». Plus tard, le sens a évolué pour signifier « prendre à la gorge et déchirer ». La peur nous prend. Nous nous inquiétons, nous nous tracassons, saisissant notre joie de vivre à la gorge alors que nous devrions la célébrer à chaque respiration.

Commençons par faire des vœux

Certains d'entre nous savent apprécier chaque moment mais sont facilement distraits par la peur, d'autres ne prennent jamais vraiment conscience qu'ils respirent. Ils vivent en pilotage automatique. Hélas pour eux, car à perdre contact avec soi-même, on perd contact avec la réalité.

Trop souvent, une menace mortelle est nécessaire pour attirer notre attention sur le prix de la vie. Dites à quelqu'un qu'il ne dispose plus que d'une semaine à vivre, et soudain la valeur qu'il accorde à chaque respiration augmentera.

Pensez à l'histoire d'Aladin et de sa lampe magique. Quand il frotte la lampe, un puissant génie apparaît qui promet d'accomplir toutes ses volontés. Imaginez que la lampe d'Aladin vous soit remise : « Pendant deux heures, cette lampe est à vous. Allez-y, vous pouvez demander tout ce que vous voulez. Après, je la reprends. »

Que feriez-vous ? Penseriez-vous : « Oh, je ne peux garder cette lampe que deux heures, c'est trop peu. Si je pouvais la garder deux heures et demie, je pourrais faire tellement plus ! Ou même trois heures ? Car j'ai d'autres choses à terminer. Ce n'est franchement pas le meilleur moment pour m'occuper de cette lampe magique. Ne pourrais-je pas plutôt l'avoir mercredi prochain ? »

La lampe symbolise votre vie. Cessez de perdre un temps précieux et commencez à frotter cette lampe ! Faites vos vœux, l'un après l'autre. Saisissez la chance que la vie vous offre.

Il était une fois un homme avare qui gagnait sa vie en vendant de la ferraille. Ses affaires marchaient bien. Il était tellement attaché à l'argent qu'il avait même vendu ses propres objets en métal et les avait remplacés par de piètres objets en bois, en pierre et en papier. Il n'y avait plus trace de métal chez lui.

Un jour, un homme apparut à sa porte et lui dit :

– Vous voyez cette pierre dans ma main ? Elle a la propriété de transformer n'importe quel morceau de métal en or. Vous êtes libre de vous en servir comme vous voulez. Je reviendrai la reprendre d'ici une semaine.

Le ferrailleur se souvint qu'il avait vendu tous ses métaux. Sitôt l'homme parti, il se rendit au grand marché pour se renseigner sur le prix de la ferraille et le prix de l'or. Bien sûr, l'or avait bien plus de valeur que la ferraille, mais le prix de la ferraille lui parut tout de même trop élevé. Il n'est pas question d'acheter du métal à ce prix-là, fût-ce pour un tel échange. « J'ai toute la semaine, songea-t-il, j'attendrai. »

Il attendit. Chaque fois qu'il appelait pour connaître le prix de la ferraille, celui-ci était bien trop élevé pour lui.

Même quand sa valeur commença à baisser, il le trouvait encore trop cher. Jour après jour, il repoussa l'achat du métal dont il avait besoin. Il n'avait pas l'intention de payer ce prix pour du vieux métal rouillé ! Une semaine plus tard, jour pour jour, l'homme réapparut.

– Je suis venu reprendre ma pierre.

Le ferrailleur fut sous le choc : il avait perdu toute notion du temps et n'avait pas utilisé une seule fois la pierre. En désespoir de cause, il courut dans sa maison à la recherche d'objets métalliques, mais tout ce qu'il put trouver fut du bois, de la pierre ou du papier. Alors l'homme apparut brusquement à ses côtés et lui reprit la pierre :

– Le délai a expiré.

Entre deux murs

25 500. Savez-vous ce que ce chiffre représente ? C'est le nombre de jours qui nous sont donnés à vivre jusqu'à l'âge de soixante-dix ans. C'est peu, ne trouvez-vous pas ? Même si l'on vivait jusqu'à cent ans, cela ne ferait que 36 500 jours. Cela donne à réfléchir, non ?

Maintenant il nous faut faire une autre opération : soustraire le nombre de jours que nous avons déjà vécus. Où en est le décompte ? (Pour ma part, j'ai fait mes calculs, et j'ai décidé d'arrêter de compter !)

Il faut également tenir compte de l'incertitude de la durée de nos jours, car aucun de nous ne sait avec précision combien il a de crédit à la banque de la vie.

L'homme politique et auteur américain Benjamin Franklin a déclaré un jour dans l'une de ses lettres : « Qu'y a-t-il de certain dans ce monde, hormis la mort et l'impôt ? » Eh bien, mis à part les impôts, nous savons avec certitude qu'un jour nous sommes arrivés dans ce monde, et qu'un autre jour nous devrons le quitter. Nous ne pouvons rien changer à cela mais, chaque jour qui passe, nous avons le pouvoir d'agir sur ce que nous ressentons et vivons. Réalisez que chaque jour, vous avez le pouvoir de profiter du temps qui vous est donné. (Et essayez de ne pas trop vous plaindre des impôts !)

On pourrait considérer l'existence ainsi : nous sommes entrés dans la vie par une porte ouverte dans un mur, et nous en sortirons par une porte ouverte dans un autre. Certains sont fascinés par ce qui se trouve de l'autre côté du second mur, quant à moi je suis fasciné par ce qui se trouve de ce côté-ci du mur.

Vous pouvez demander à ceux qui sont de l'autre côté de décrire à quoi ça ressemble, mais – d'après mon expérience, du moins – personne n'a jamais répondu à la question. Personne, pas même Houdini : ce grand maître de la magie et de l'évasion avait promis à son épouse qu'il lui enverrait un message codé d'outre-tombe, mais il semblerait qu'il n'ait pu échapper au sort commun.

Alors ? Nous faisons des hypothèses : « L'au-delà est comme ceci » ou « Le paradis est comme cela ». Nous concevons des images et des représentations à partir d'une idée qui dépasse notre imagination.

Nous savons au moins ceci : nous sommes ici et maintenant avec la possibilité d'accomplir la mission – quelle qu'en soit la nature – qui nous semble importante. Pour moi, elle est simple : elle consiste à remplir ma vie de joie et à partager ce message que la paix est possible partout.

Notre vie n'est qu'un long « aujourd'hui », pas un long « hier » ni un long « demain ». Le moment présent dure 25 500 jours, ou moins ou plus, selon le nombre de jours dont nous bénéficierons. Nous pouvons tirer des enseignements du passé, mais nous ne pouvons pas y demeurer. Nous pouvons imaginer le lendemain, mais nous ne pouvons pas y habiter. Le seul moment que nous pouvons vraiment vivre, c'est le moment présent. Une seule respiration à la fois. Notre vie est rythmée par notre souffle.

Le temps n'a pas de prix. Le plus grand succès pour nous est de vivre chaque moment aussi pleinement que possible, même lorsque nous sommes confrontés à des problèmes. Le poète latin Horace a exprimé cette pensée dans la formule *carpe diem*, qui signifie littéralement « cueillez le jour », plus communément traduite par « profitez de l'instant ». J'aime ces deux traductions, cependant le verbe « cueillir » me suggère cette belle idée que la fleur d'aujourd'hui est prête à être admirée et respirée.

Laissez fleurir votre vie

Parfois, la pensée d'hier ou de demain nous obsède et nous ne parvenons pas à profiter de l'instant présent. D'autres fois, nous avons l'impression qu'aujourd'hui a peu de choses à nous offrir, qu'aucun bouton de rose n'est à cueillir. Beaucoup de gens vivent dans ce sentiment de désillusion.

La vie peut ressembler à un désert stérile, pourtant les graines nécessaires pour créer un beau jardin sont là, en terre, attendant que les conditions soient réunies pour lever. Elles sont en nous depuis notre naissance. Notre travail consiste à arroser le sol régulièrement et à laisser entrer la *clarté* : ainsi donnons-nous à ces graines ce dont elles ont besoin pour éclore. Alors le désert fleurira dans une explosion de couleurs inimaginables.

La paix désire se manifester. La paix veut que vous sachiez qu'elle est là. La paix rêve de s'épanouir.

Je suis toujours impressionné par la résistance et la patience de ces graines en nous, elles attendent parfois une vie entière, prêtes à fleurir, l'arrivée de l'eau et de la lumière. « Je suis prête, chaque fois que la pluie tombe ou que le soleil apparaît », nous disent-elles. Cela, nous ne devons jamais l'oublier, surtout lorsque nous trouvons que notre vie ressemble à un désert.

Apprendre des arbres

Tout, dans la Nature, s'est aménagé un espace et a établi sa relation avec le monde. Pourquoi, contrairement à la Nature, semblons-nous autant oublier notre but et notre potentiel d'épanouissement ? Elle nous montre pourtant l'exemple en ayant un objectif et en faisant tout pour l'atteindre.

Je crois que nous avons quelque chose à apprendre des arbres. Savez-vous que des recherches scientifiques récentes avancent l'hypothèse que certains arbres auraient comme des « battements de cœur » ? La nuit, ils font bouger leurs branches de haut en bas, pompant ainsi l'eau de la terre dans un flux ascendant qui remonte le long de leur tronc jusqu'aux parties aériennes. Ils sont passés maîtres en stratégie de survie, tout comme nous pourrions l'être. Ils savent ce qu'ils doivent faire pour que leur espèce prospère : ils préparent leurs graines

La paix désire se manifester.
La paix veut que vous sachiez
qu'elle est là.
La paix rêve de s'épanouir.

à germer. Les résultats sont là : ils sont plus de trois mille milliards sur la planète, même si certains de nos congénères réduisent drastiquement leur population à des fins mercantiles.

Pour prospérer sans cesse, les arbres savent s'adapter à leur environnement et prennent forme en fonction de l'espace qu'ils ont et de l'environnement dans lequel ils se trouvent. Dans un paysage de montagnes, j'ai vu un arbre émerger d'une minuscule fissure dans la roche, l'endroit le plus improbable où une plante puisse prendre racine. Pourtant c'était le cas. *Cet arbre solitaire avait trouvé ce qu'il cherchait et avait saisi sa chance.*

Nous devons nous aussi trouver le moyen de permettre à notre nature intérieure de s'exprimer pleinement. Nous ne devrions jamais ignorer ou abandonner l'opportunité de le faire ; elle ne devrait jamais être remise au lendemain. Même lorsque notre sol semble en jachère pour prendre du repos, il existe en nous un potentiel merveilleux, riche et fertile. Si nous commençons à faire entrer la lumière de la lucidité et l'eau de la compréhension dans notre vie, notre désert pourra fleurir.

La vie et l'âme

Pourquoi avons-nous tant de mal à laisser s'épanouir notre existence ? Pourquoi la musique de notre vie est-elle si souvent noyée dans un brouhaha extérieur ? Parce que nous oublions l'essentiel : notre vie. C'est le point de départ de la connaissance de soi. Au lieu de gaspiller notre attention, nous avons toujours la possibilité d'éprouver de la gratitude envers cette vie et pour chaque souffle qui nous est donné.

Quand, pour la dernière fois, avez-vous été profondément reconnaissant d'être en vie ? Je ne parle pas seulement des pensées qui peuvent vous traverser lors d'enterrements : « Heureusement que je ne suis pas dedans. » Je parle d'être pleinement conscient, jour et nuit, de son existence.

L'être humain est célébration de la vie. Quelle merveille de sentir la reconnaissance – pour ceux que nous aimons, pour le soleil et pour la pluie, pour les saisons, pour la douce mélodie de notre existence. Sans gratitude, la vie ressemble à une invitation que l'on décline : « Bonjour, merci de m'avoir invité, au revoir. » En éprouvant de la gratitude, nous devenons l'esprit et l'âme de cette fête que l'on nomme la vie.

Un rappel urgent

Il y a donc ces deux murs : celui que l'on traverse à la naissance et celui où la mort nous ouvre une porte l'heure venue. Lorsque nous nous approchons du moment où nous imaginons que vient la mort, ce second mur se dresse dans notre esprit. S'inquiéter de la mort peut devenir une obsession, une diversion extrême ; peut-être le plus envahissant de tous les problèmes. Si nous n'y prenons garde, nous pouvons en arriver à penser à la mort tous les jours, alors que nous ne fêtons notre anniversaire qu'une fois par an ! C'est l'ironie suprême : chaque minute passée à se tourmenter sur la mort est une minute de moins à apprécier sa vie, volée à notre précieuse existence. Il arrive que l'on soit tellement pris par la peur de mourir qu'on oublie de vivre au présent.

Nous ne pourrons pas éviter la rencontre avec ce second mur. Mais combien d'entre nous font tout pour se distraire de cette vérité irréfutable !

Il était une fois un médecin supérieurement intelligent, tout le monde en convenait. Il avait passé toute son existence à sauver des vies et, maintenant qu'il sentait la mort approcher, il refusait de l'envisager. Il conçut une stratégie.

Il savait que la Mort ne pouvait emporter qu'un seul corps, pas deux. Aussi fabriqua-t-il un double de lui-même, parfait dans les moindres détails. Une réplique exacte dont il était très fier.

Un jour, la Mort se présenta – sans avoir pris rendez-vous, je suppose – et se retrouva face à deux médecins côte à côte sur le lit. Le médecin, sentant son heure approcher, s'était déjà allongé à côté de sa réplique. Bien joué. C'était vraiment une excellente copie, aussi la Mort se trouva-t-elle fort embarrassée : « Je ne peux en prendre qu'un, lequel ? » s'interrogeait-elle.

Elle réfléchit une minute, puis déclara :

– Mes félicitations, docteur ! Vous avez fait, pour créer votre copie, un travail remarquable. Mais vous avez commis une erreur.

Les paroles de la Mort se mirent à tourner et à retourner dans la tête du médecin étendu sur le lit. Il s'interrogeait : « Quelle erreur ? Comment aurais-je pu faire une erreur ? C'est elle qui se trompe. »

Au bout d'un moment, le médecin, n'y tenant plus, laissa échapper :

– Il n'y a *pas* d'erreur !

Alors la Mort répondit :

– La voilà, l'erreur fatale !

Le médecin avait été piégé par son propre orgueil. Il est impossible d'échapper à notre destin de mortels.

« Tu n'es qu'un petit bateau de papier qui vogue sur le fleuve », dit le poète et musicien Kabîr. En descendant le fleuve de la vie, devinez ce qui se passe ? Le papier prend l'eau et commence à se désintégrer. Le bateau perd alors sa forme et se défait lentement. C'est aussi notre lot.

En attendant, sachez que vous êtes libre de jouir de cette vie. Tout est là pour servir le but que vous souhaitez atteindre et vivre la richesse de votre existence. Cela commence en établissant une connexion continue avec soi, dans un cercle qui va de la gratitude à la paix puis retourne à la gratitude et ainsi de suite.

C'est ainsi que j'essaie de vivre face à la réalité de ce second mur – et je dis bien « essaie », parce qu'aucun de nous ne vit dans un état de clarté cent pour cent du temps. Je veux vivre en ressentant, en éprouvant chaque facette de mon être intérieur avec la joie qui jaillit de la paix. Lorsque je vis cet état, j'aimerais que le jour dure toujours, mais je sais que viendra la nuit.

Je n'ai pas peur de la mort. Je la vois comme une inspiration à vivre le meilleur de chaque instant, j'en sens même le doux sentiment d'urgence.

Qu'est-ce qui nous appartient ?

Ce corps disparaîtra un jour, et toutes mes pensées et tous mes ressentis s'en iront avec lui. Que restera-t-il ? À dire vrai, il n'y a rien dans ce monde qui m'appartienne vraiment, ou alors ce sont des choses passagères. Tout ce que je crois « mien » ne sera un jour plus à moi.

Cela me rappelle une histoire au sujet du conquérant macédonien Alexandre le Grand. La légende raconte que, sur son lit de mort, il laissa trois instructions : « Que seuls mes médecins portent mon cercueil. Que mon chemin jusqu'au cimetière soit parsemé d'argent, d'or et de bijoux. Qu'on laisse mes mains pendre du cercueil. »

Les amis et conseillers rassemblés autour du roi se trouvèrent déconcertés par ces paroles. Son général favori s'approcha de lui et lui demanda pourquoi il accordait une si grande importance à ses médecins. Alexandre répondit : « Je souhaite que le monde sache que les médecins sont impuissants et incapables de nous guérir de la mort. Je souhaite que le monde sache qu'une vie passée à rechercher la richesse est une perte de temps précieux. Je souhaite enfin que les hommes sachent que nous arrivons tous les mains vides en ce monde, et que nous en repartons tous de la même façon. »

Oui, nous repartons tous de la même façon. Et les seules valeurs que je détiens sûrement dans cette vie sont ma paix et ma connaissance de moi-même. Elles sont ma réalité. Une fois cette vie terminée, tout ce qui restera de moi sera mon souvenir dans le cœur des autres.

Avez-vous gardé le souvenir d'un moment merveilleux passé avec quelqu'un ? Peut-être la nourriture et le cadre étaient-ils tout simplement fabuleux. Longtemps après avoir digéré le dîner et oublié à quoi ressemblait la pièce où vous vous êtes retrouvés, la sensation de plaisir que vous avez éprouvée demeure. Vous avez gardé ce sentiment en vous, et cela suffit.

Pendant des milliards d'années, vous et moi n'étions rien. Pendant les milliards d'années à venir, nous ne serons de nouveau plus rien. La seule exception à ce néant est notre temps ici-bas. Il convient de vivre ces minutes, ces heures et ces jours de façon exceptionnelle.

La vie ici-bas est limitée, mais vous avez la possibilité de la transcender et de vous relier temporairement à l'infini – à la joie de l'existence pure.

Êtres finis, nous avons l'opportunité de rencontrer l'infini.

Êtres finis,
nous avons l'opportunité
de rencontrer l'infini.

CHAPITRE 3

Une paix infinie

Pendant mon enfance à Dehra Dun, nous connaissions des jours d'automne magiques, juste avant l'arrivée des premiers signes de l'hiver, quand le ciel était d'un bleu limpide et l'air au-dessus de l'Himalaya d'une pureté absolue. Chaque matin, un voile d'humidité venait se déposer sur l'herbe et sur les plantes. Aux premières lueurs, les petites gouttes de rosée scintillaient comme des diamants et irradiaient comme de minuscules soleils.

Au fur et à mesure que le soleil réchauffait l'atmosphère, la rosée s'évaporait et cette douce scène matinale se transformait. Chaque élément du paysage devenait progressivement plus clair et précis. Il me semblait que l'on pouvait contempler l'infini dans le firmament. Ces jours-là, le temps restait comme suspendu. Puis, lentement, dans l'après-midi, des nuages aux contours argentés venaient se déployer dans le ciel.

Je m'asseyais souvent dans notre jardin, au pied de deux magnolias. Des pois de senteur couraient sur les murs, leurs fleurs et leur parfum, avec un soupçon de lavande, étaient si délicats. Il y avait aussi ce que nous appelions des gueules-de-loup – ou mufliers –, et nous nous amusions à presser leurs têtes pour qu'elles aient l'air d'ouvrir et de fermer leur bouche. C'était si bon d'être là.

Un jour, dans ce jardin enchanteur, j'ai eu le désir de saisir l'instant présent. Mon cœur était totalement ouvert, et je me promenais en observant chaque détail de la nature qui m'entourait. Assis au pied d'un magnolia, en train d'observer les nuages et les fleurs, j'ai été envahi du sentiment profond que la force qui m'avait créé était également à l'origine de ces magnolias et de ces fleurs parfumées, qu'elle avait répandu la rosée sur la pelouse, transporté le soleil d'un horizon à l'autre et fait flotter ces nuages dans le ciel d'azur. À ce moment-là, l'entité qui m'a créé – quelle qu'elle soit – m'a murmuré : « Ressens. »

C'était une sensation parfaite dans un instant parfait : « Ressens. »

Dès lors, je pus m'asseoir sous ce magnolia et connaître cet état dans lequel on n'éprouve aucun désir, aucune envie, aucun besoin de quoi que ce soit. Je me sentais bien d'être là, tout simplement. Depuis ce moment, et même encore aujourd'hui, une voix ne cesse de me dire :

« Ce jour est pour toi. »

Exister dans le ressenti

Ce ressenti, qui fait maintenant partie de moi, n'a pas changé. Mais je reconnais qu'il m'arrive de faire passer bien d'autres considérations avant lui. « J'ai besoin de ceci, j'ai besoin de cela. Il faut que ce soit comme ci, il faut que ce soit comme

« Ce jour est pour toi. »

ça. Je suis ceci, je suis cela. Je devrais faire ceci, et je devrais faire cela. »

Au lieu de sortir et de profiter de la clarté d'un nouveau matin, je me surprends à être distrait par des soucis et des préoccupations. C'est le signe que les problèmes de ma vie menacent de prendre le dessus. Oui, même quelqu'un qui parle de la paix depuis l'âge de quatre ans trouve parfois difficile de rester relié à sa propre clarté intérieure !

J'ai depuis, à maintes reprises, revécu une expérience de communion profonde similaire à celle du jardin de Dehra Dun. C'est ma réalité : une sensation de paix infinie. Le plus beau n'est pas tant dans ce souvenir d'enfance que dans le fait de pouvoir en réactiver l'expérience encore et encore.

La paix contient tous les bonheurs

J'ai souvent repensé à ce que j'avais vécu dans ce jardin. J'ai fini par comprendre que la paix intérieure ne dépend pas d'événements extérieurs, elle *est*, tout simplement. Comme elle était en l'enfant que j'étais, assis au pied de l'arbre, et vivant un moment parfait.

Le sentiment de paix est la plus profonde expression de ma personne. Mais il fait aussi partie de quelque chose de plus grand que nous tous. Après la mort, cette sérénité continue à habiter chaque atome de l'univers. Cette quiétude est infinie.

La joie en vous n'est reliée à rien d'autre : elle est la joie en soi. L'amour qui est en vous n'est dépendant de personne : il est l'amour en soi. Vous avez besoin de lumière et de lucidité pour voir le monde de la paix qui est en vous et autour de vous. Cependant il existe aussi une clarté qui est pure beauté, qui doit être ressentie et appréciée pour ce qu'elle est, et non pour ce qu'elle apporte.

La paix implique bien d'autres bienfaits, mais rien d'autre n'implique la paix. Il y a de la joie dans la paix, mais la joie seule n'est pas la paix. Il y a de la bonté dans la paix, mais la bonté seule n'est pas la paix. Il y a de la lumière dans la paix, mais la lumière seule n'est pas la paix. La paix est un état unique et total.

Dormir sans dormir

Quelqu'un demanda un jour à mon père :

– Qu'est-ce que cela fait de plonger en soi-même pour trouver la paix intérieure ?

Il répondit :

– C'est comme dormir sans dormir.

Je trouvais ces mots d'une grande profondeur. Imaginez-vous endormi sans dormir. Imaginez cette fusion de deux états en un seul. Il est inutile d'être ailleurs, ni de penser à quoi que ce soit. Nul besoin de prendre conscience d'autre chose que de l'enchantement d'être, simplement. Imaginez combien ce sommeil sans sommeil peut être profondément vivifiant.

Sommes-nous capables, en tant qu'êtres humains, de ressentir une chose juste pour ce qu'elle est, et non pour ce qu'elle nous permet de faire ensuite ? Cela peut aller à l'encontre de notre monde focalisé sur l'action, mais je pense que nous en sommes capables. La paix est possible pour chacun d'entre nous, nous devons choisir de la ressentir, et non de la fabriquer.

Aveugles devant l'évidence

La paix est partout, et pourtant insaisissable. En ce sens, elle est un peu comme la lumière. Regardez par la fenêtre, et vous verrez peut-être un mur. Si vous le regardez de plus près, vous verrez les briques de ce mur et, entre celles-ci, les plus fins détails du mortier. Si vous avez une bonne vue, vous apercevrez aussi les effets du temps sur les briques, l'incidence des ombres, ainsi que les nombreuses couleurs que fait ressortir la lumière du soleil, de la lune ou de la rue. En outre, vous percevrez aussi sur ce mur des reflets lumineux provenant d'autres sources, chacun de ces reflets ajoutant une nouvelle teinte à la lumière qui le frappe. Ce mur, nous le voyons, mais nous ne voyons pas la lumière, parce que la lumière est partout.

La lumière naturelle n'est pas là pour illuminer le monde en notre nom, il s'agit juste d'un avantage vital et merveilleux qui nous est donné, à savoir la lumière en elle-même. De même que, pour la paix intérieure, nous sommes en mesure d'apprécier l'effet de la lumière sur le monde qui nous entoure, de même nous devrions aussi appréhender la lumière comme une chose en soi.

Parfois, ce que nous avons de meilleur à faire, c'est simplement d'être. Trop souvent, les distractions de la vie quotidienne détournent notre attention : nous traversons cette vie en voyant les couleurs qui nous sont renvoyées par le monde extérieur, aveugles au spectre complet de la réalité intérieure. Notre expérience de la vie se trouve transformée lorsque nous reconnaissons que nous vivons sur cette terre de lumière et que nous en faisons partie.

L'intemporel aujourd'hui

Nous regardons des photos de notre enfance ou de celle de nos enfants, et nous pensons aux années qui ont passé. Quand nous voyons de vieux amis, nous leur demandons souvent : « Depuis combien d'années nous connaissons-nous ? » Cela peut nous choquer, raviver des regrets ou faire naître de l'anxiété à la pensée des moments de dispersion qui nous ont fait perdre notre temps. Et, sur ce, nous retournons vaquer à nos occupations quotidiennes.

Dans ces moments-là – avant que la tyrannie de nos emplois du temps et de nos problèmes ne nous envahisse à nouveau –, nous devrions nous interroger : quelle est la valeur du temps qui passe si je ne suis pas capable de donner une valeur à mon souffle ? Si l'instant que je suis en train de vivre n'est pas important pour moi, comment hier pourrait-il l'être ? Si le présent n'est pas important pour moi, comment demain pourrait-il l'être ?

Quoi que nous projetions, quoi que nous fassions, quoi qu'il advienne, nous ne pouvons vivre que *maintenant*. C'est là que nous sommes vivants, que nous ayons six mois ou atteint l'âge de cent ans. Beaucoup d'entre nous croient qu'il est important de vivre dans l'ici et maintenant, mais comprenons-nous la vérité de ce concept ? L'apprécions-nous ? Lui exprimons-nous notre gratitude ?

Il existe une façon de penser le temps différente de cette structure linéaire à laquelle nous sommes habitués. Elle peut être difficile à saisir au début. La convention divise notre temps en fractions de plus en plus petites : année, mois, semaine, jour, heure, seconde, nanoseconde, yoctoseconde (un millionième de milliardième de milliardième de seconde !). Il y a de bonnes raisons de découper le temps de cette façon. Il est utile de partager un même référentiel lorsqu'on organise un dîner entre amis, qu'on prend l'avion ou qu'on se rend à un concert. D'un point de vue plus large, d'autres approches sont possibles : la question du temps, de sa définition et de sa compréhension est l'objet de débats passionnés entre la science, la religion et la philosophie.

Empiriquement, il semble bien que – et ceci n'est qu'une métaphore spatiale – le temps *se déroule*. Je peux dire avec certitude que si je me cassais la jambe aujourd'hui, elle ne serait pas guérie demain, mais qu'elle pourrait l'être dans six semaines. Cependant – et c'est là que la question devient particulièrement intéressante – nous disposons d'une autre approche dont nous pouvons nous servir lorsque nous souhaitons nous relier à une réalité plus profonde. Nous pouvons entrer et sortir de ce cadre temporel à notre convenance, à partir du moment où nous savons comment procéder. Il existe donc deux façons différentes d'appréhender le temps. Dans le monde extérieur, nous percevons chaque moment comme une unité au sein d'une somme d'instants qui

Nous devrions nous demander : quelle est la valeur du temps qui passe si je ne suis pas capable de donner une valeur à mon souffle ? Si l'instant que je suis en train de vivre n'est pas important pour moi, comment hier pourrait-il l'être ? Si le présent n'est pas important pour moi, comment demain pourrait-il l'être ?

passent, tel un train de marchandises dont nous voyons défiler les wagons sur une voie ferrée. Dans le monde intérieur, nous sommes à même de ressentir le temps comme un absolu : un aujourd'hui intemporel. Le temps intérieur est un début et une fin en soi, tout comme la paix, l'énergie et la lumière. Il *est*, tout simplement.

Imaginez-le ainsi : à chaque moment intérieur, la *marche* du temps est remplacée par la *danse* du temps. Tout comme lorsque j'étais assis sous le magnolia du jardin familial, vous êtes libre, dans l'intemporel d'aujourd'hui, de *ressentir*. Vous n'avez alors nul besoin de vous améliorer ou de chercher la vérité, vous avez trouvé la paix infinie que vous recherchez. Ces vers du poète William Blake s'en font écho :

Voir le monde dans un grain de sable
Et le paradis dans une fleur sauvage
Tenir l'infini dans le creux de sa main
Et l'éternité dans une heure.

Il n'y a pas de limite à la joie et au bonheur éprouvés dans le moment présent. Certains sont morts d'un excès de tristesse, personne n'est mort d'un excès de bonheur. Continuons à emplir nos cœurs de joie.

Neti neti

Le concept de l'infini est déroutant. Nous essayons de faire appel à notre esprit pour le comprendre, mais il est difficile de donner forme à quelque chose que notre imagination a du mal à intégrer.

Deux petits mots sanscrits aident à expliquer l'idée du temps infini : ils traduisent le sentiment qu'une expérience vécue dépasse la simple explication ou définition : *neti neti*. Littéralement, ces termes signifient : « ni ceci ni cela ». Cette phrase est parfois prononcée lorsqu'on essaie de découvrir les diverses facettes de sa personnalité – « ceci n'est pas moi, ça non plus » – jusqu'à atteindre son vrai *je*. Là est le début du voyage : il s'agit de développer notre capacité à laisser derrière nous le temps ordinaire et notre esprit occupé, pour couler dans l'infini et rencontrer notre moi dans sa forme la plus pure.

Souvent, après avoir vécu une expérience profonde, il nous est impossible de la décrire avec des mots. De fait, il se peut même qu'on ne sache pas exactement ce qu'on a vécu. Probablement connaissez-vous ce phénomène. Les mots que nous cherchons n'expriment pas le ressenti que nous souhaiterions exprimer. Le langage peut être à la fois utile et magnifiquement éloquent, mais il ne peut pas toujours nous conduire au cœur de l'expérience humaine.

> Une voix demande :
> – Qu'avez-vous vécu ? Était-ce ceci ? Était-ce cela ?
> Et vous ne pouvez que répondre :
> – Non, ce n'était pas tout à fait ceci. Ni cela.
> – Que faisiez-vous exactement, à ce moment-là ?
> – Rien !
> – À quoi pensiez-vous ?
> – À rien !
> – Mais alors, qu'avez-vous ressenti ?
> – Tout !

Une voix demande :

– Qu'avez-vous vécu ? Était-ce ceci ? Était-ce cela ?

Et vous ne pouvez que répondre :

– Non, ce n'était pas tout à fait ceci. Ni cela.

– Que faisiez-vous exactement, à ce moment-là ?

– Rien !

– À quoi pensiez-vous ?

– À rien !

– Mais alors, qu'avez-vous ressenti ?

– Tout !

Si le vécu et le ressenti ne peuvent pas être facilement expliqués, on en déduit alors que cela doit être complexe par nature. Or l'expérience elle-même n'est pas compliquée, elle est simplement difficilement descriptible. Plutôt que de présenter une image claire et complète de ce qui s'est passé, nous ne pouvons en offrir qu'un reflet. Le ressenti est non exprimable. Cette strophe du poète Rûmî nous en parle :

> Il est un baiser que nous désirons au prix de notre vie,
> Celui que l'esprit pose sur le corps.
> Les eaux de la mer supplient la perle de briser sa coquille.
> Et le lis, comme il brûle de vivre un amour passionné !
> La nuit, j'ouvre la fenêtre et demande à la lune
> De venir presser sa face contre la mienne.
> Insuffle-moi ton souffle.
> Ferme la porte des mots, ouvre la fenêtre de l'amour.
> La lune ne passera pas par la porte,
> Seulement par la fenêtre.

Ce jour initiatique où je suis sorti de la maison familiale à Dehra Dun pour me rendre au jardin, je ne pensais pas : « Je vais vivre une expérience incroyable. » J'appréciais chaque moment de plus en plus fort, sans comprendre pourquoi, jusqu'à ce que l'émerveillement s'empare de moi. Ce sentiment était d'une simplicité sans pareille, et je l'ai laissé advenir. Ma fenêtre était ouverte.

Il arrive que, dans un jardin aux fleurs magnifiques et odorantes, on ait envie de prendre une paire de ciseaux et d'en couper quelques-unes pour décorer sa maison. Il m'est arrivé de le faire, car il est très plaisant d'agrémenter sa demeure de quelques touches de couleurs et de parfums naturels. Mais pourquoi ne pas se « contenter » d'apprécier cette beauté simplement pour ce qu'elle est, sans avoir envie de la toucher ni de la capturer ? La nature dans un vase est ravissante, la rencontrer telle quelle est une expérience pure au plus haut degré.

Lâcher prise

Pour appréhender la paix intérieure, nous devons enlever les briques des concepts intellectuels qui recouvrent la forme et la beauté naturelles du soi intérieur. On ne crée pas la paix, on la découvre en soi. C'est le lâcher prise du superflu.

Antoine de Saint-Exupéry a rendu cette idée avec la plus élégante simplicité :

« La perfection est atteinte non pas lorsqu'il n'y a plus rien à ajouter, mais lorsqu'il n'y a plus rien à retirer. »

Prenez, par exemple, votre chemise ou votre robe préférée. Lorsque vous porterez ce vêtement, au bout d'un certain temps il se salira. Vous travaillez, vous vous amusez, vous voyagez, vous courez partout, vous mangez des spaghettis : il finira par être sale. Il faudra donc le nettoyer. Quel est le processus ? Très simple : vous enlevez la saleté. Vous n'apportez pas la propreté de quelque part pour en imprégner votre vêtement. Vous enlevez l'indésirable et vous conservez ce que vous aimez : un vêtement propre. Il en va de même pour la quête de la paix. Vous n'ajoutez pas la paix à votre être intérieur, vous laissez tomber le reste, et automatiquement votre vraie identité glorieuse se met à irradier.

Cela me rappelle une anecdote au sujet de Michel-Ange et de ses sculptures magnifiques. : « Comment avez-vous réussi à créer cette sublime représentation de David ? demanda-t-on au sculpteur. – J'ai taillé la pierre et enlevé tout ce qui ne ressemblait pas à David. »

Suivez le chemin de la connaissance de soi : commencez par vous concentrer sur vous-même, en mettant de côté tout le reste. Alors vous deviendrez votre centre. Les autres peuvent facilement devenir « notre » invariable, si nous ne regardons que trop rarement en nous-mêmes. C'est ce qui arrive quand le bruit du mental domine notre vie. Nous devons nous défaire de ce bruit.

Pouvez-vous imaginer un état qui échappe à toutes ces distractions ? Dans la vie extérieure, le corps vieillira et changera immanquablement. Mais à l'intérieur quelque chose demeure identique, quels que soient les événements ou les personnes qui vous entourent : le moi intemporel.

Absence et présence

Comment laisser de côté ce dont nous n'avons pas besoin ? Comment nous débarrasser du bruit ? Voilà ma suggestion : ne vous concentrez pas sur les sentiments négatifs qui vous habitent, encouragez plutôt les sentiments positifs.

Si le courage manque, la peur prend le dessus. Quelle est la meilleure façon de combattre la peur ? C'est de convoquer notre courage pour le rendre à nouveau présent.

Si vous n'êtes pas relié à votre propre clarté, alors viendra la confusion. En la retrouvant, vous éliminez la confusion.

Vous aiderez les autres à vivre une vie pleinement consciente en commençant par vous-même. Pour sortir de l'obscurité, faites entrer la lumière.

Vous souvenez-vous, à l'école, quand le maître ou la maîtresse entrait et demandait : « Tout le monde est là ? » Cela m'a toujours fait rire. Ceux qui n'étaient pas là ne pouvaient pas répondre : « Non, je ne suis pas là ! » Nous ne sommes en mesure de travailler qu'avec ce qui est présent. Par exemple, nous ne pouvons pas nous débarrasser de la haine sans la remplacer par quelque chose car, c'est bien connu, la nature a horreur du vide. Choisissons donc de la remplacer par l'amour. Abandonnez l'amour et un vide se crée, qui sera rapidement comblé par la haine. Faites réapparaître l'amour, et la haine disparaîtra à nouveau.

Quand vous pensez à un trou dans le sol, est-ce quelque chose qui est ou qui n'est pas ? Est-ce quelque chose qui a sa propre forme, ou est-ce simplement l'absence de quelque chose d'autre ? Les trous existent, mais uniquement parce que quelque chose d'autre est absent. On ne peut pas déplacer un trou d'un lieu à un autre, n'est-ce pas ? Si je partage avec vous ce que j'appelle ma petite « philosophie sur les trous », c'est parce qu'elle nous permet de mieux appréhender la question de la présence et de l'absence.

Commencez par vous concentrer sur vous-même, en mettant de côté tout le reste. Alors vous deviendrez votre centre.

Qu'est-ce que la tristesse ? L'absence de joie.

Qu'est-ce que la confusion ? L'absence de lucidité, de clarté.

Qu'est-ce que l'obscurité ? L'absence de lumière.

Qu'est-ce que la guerre ? L'absence de paix.

La guerre est un trou, un vide, une négation. Alors, comment pouvons-nous arrêter la guerre ? En l'emplissant de quelque chose. Et quoi de mieux pour la remplir que la paix ? Où pouvons-nous trouver la paix ? À l'intérieur de chacun de nous. Et où pouvons-nous trouver le trou de la guerre ? Au même endroit, en nous.

C'est ainsi que nous pouvons faire les premiers pas vers la paix entre les hommes : en remplissant les trous de haine, de tristesse, de confusion, d'obscurité et de guerre qui nous habitent, par l'amour, la joie, la lucidité, la lumière et la paix qui sont en nous.

Une symphonie de simplicité

Un soir je me suis rendu, à Vienne, à un concert de musique classique. La salle était bondée, et il régnait un grand brouhaha de conversations animées. Les musiciens entrèrent sur scène et commencèrent à accorder leurs instruments. Puis les conversations s'intensifièrent, les personnes arrivées à la dernière minute entrèrent et s'installèrent, tandis que d'autres se levaient pour les laisser passer. C'était un véritable chaos. J'étais perturbé et sur le point de me lever à mon tour pour partir, mais les billets avaient été vraiment trop difficiles à obtenir !

Soudain, l'accordage cessa, le chef d'orchestre apparut, tout le monde applaudit et… silence. Il y eut un moment de tension délicieuse et feutrée lorsque le chef se dressa et leva sa baguette. Puis la musique commença : calme au début, on entendait les résonances de chaque instrument à cordes et jusqu'au mouvement des doigts. Ce moment fut une expérience sensorielle inédite.

Cela se passe parfois ainsi intérieurement. Un concert a lieu dans nos cœurs. Pour certains, le brouhaha des conversations et de la synchronisation des instruments dure des années. Pour d'autres, la baguette se lève, la paix se fait et la musique commence. Le bruit, le silence et la musique sont présents en nous.

Grâce à la connaissance de soi, nous ressentons en profondeur notre propre rythme, en fonction duquel nous nous déplaçons dans le temps. C'est cela, l'effet de la vraie concentration. Tout le reste s'efface. Le silence s'installe, et une symphonie commence à s'élever dans notre cœur. La nôtre.

Détachement, ambition et choix

Devrions-nous aspirer à être complètement détachés du monde qui nous entoure ? C'est une question que l'on me pose souvent. Mon point de vue est simple : on ne peut se détacher à cent pour cent. Quiconque prétend vivre entièrement à l'abri des diversions quotidiennes est probablement dans l'illusion.

À la lecture de certains passages de la vie de Bouddha, j'ai constaté que c'est seulement après avoir atteint l'illumination qu'il est devenu ambitieux et a éprouvé la volonté de répandre partout son message de paix. Je tiens à être clair sur ce sujet :

La connaissance de soi, qui nous oriente vers notre être intérieur, ne nous transforme pas pour autant en êtres insensibles qui ne sont plus affectés par les questions et les problèmes de l'existence. Ce qu'elle peut nous offrir, c'est la lucidité nécessaire pour pouvoir comprendre que nous avons le choix. Nous ne choisissons pas l'heure de notre naissance et de notre mort, mais nous avons notre mot à dire sur tout le reste.

Vivre consciemment implique de savoir que nous avons *toujours* le choix – même dans les moments difficiles –, et que nos choix doivent être judicieux. Nous vivons de façon inconsciente lorsque nous ne savons pas que nous pouvons choisir, ou lorsque nous préférons ne pas choisir. L'inconscience peut se transmettre d'un être à un autre, ainsi se perpétue le cycle de l'ignorance. Et cela a des conséquences. En revanche, devenir conscient de ses choix peut être extrêmement responsabilisant et épanouissant.

Dépasser nos soucis

Il est tentant de penser que si nous nous libérons de tous nos soucis, nous aurons la paix. Si j'arrête de penser à la nourriture, ma faim disparaîtra-t-elle ? Non. Et si quelqu'un me dit : « Cessez de penser à la nourriture ! », ma faim disparaîtra-t-elle ? Non plus.

Je connais des gens qui sont allés au bout du monde à la recherche de la tranquillité d'esprit. Que s'est-il passé ? Une fois arrivés, ils se sont installés dans un fauteuil, ont fermé les yeux et se sont dit : « Je suis là ! Maintenant, je peux enfin connaître la paix. » Le calme a régné quelques instants. Puis les grillons se sont mis à striduler, le vent à bruisser dans les arbres, les vagues à clapoter sur le rivage. Un oiseau solitaire a chanté au loin dans les bois. Les pensées de la vie quotidienne ont recommencé progressivement à envahir l'esprit de ces voyageurs… Comme des bagages qui seraient restés bloqués à l'aéroport et leur auraient finalement été livrés.

Ainsi chacun se fuit sans cesse. Mais à quoi bon fuir, si l'on ne peut s'éviter, comme le dit Lucrèce ? Lorsque nous sommes perturbés, la nature et ses merveilles peuvent s'apparenter à une cacophonie, alors que si nous sommes en paix avec nous-mêmes tout peut devenir symphonie. À moins d'avoir trouvé le remède au vacarme qu'engendrent nos angoisses, celles-ci ne cesseront de nous accompagner dans le voyage de la vie. Notre meilleure défense est cette aptitude que nous emportons partout avec nous : le fait de savoir qu'il est en notre pouvoir de choisir d'entrer en nous-mêmes et de prendre le chemin de la paix intérieure.

Le poète Kabîr a écrit : « Si vous devez vous inquiéter, alors inquiétez-vous de la vérité. Si vous devez être inquiet, préoccupez-vous de la joie. Si vous devez vous inquiéter, préoccupez-vous du bien dans votre vie. »

Autrement dit, il s'agit de faire en sorte que l'inquiétude disparaisse en choisissant de mettre en avant des qualités positives.

Écoute ton cœur

Pour moi, le chemin de la connaissance de soi – de l'observation consciente de la plénitude du cœur, puis de la paix – est semblable à la trajectoire d'une fusée lancée dans l'espace. L'observation consciente a pour but d'apaiser l'esprit et de concentrer l'attention, comme la fusée sur la rampe de lancement : nous laissons derrière nous tout ce qui n'est pas indispensable au vol et nous nous préparons à décoller. La plénitude du cœur nous fait entrer pleinement en contact avec nous-mêmes, générant un puissant sentiment de complétude qui nous fait quitter le sol. Et la paix est le sentiment qui nous emplit au fur et à mesure que nous gagnons de l'altitude, nous arrachant à la pesanteur. Ainsi nous envolons-nous dans l'immensité de notre univers intérieur, au-delà des dimensions ordinaires du temps et de l'espace.

Mon cœur est un espace où je me trouve profondément heureux, sans aucune autre raison que celle d'éprouver ce bonheur lui-même. Mon cœur abrite des océans sur lesquels je navigue, non pour voguer vers une destination, mais parce que ce voyage est exceptionnel. Le cœur est le lieu où nous développons le courage d'aller chercher la lucidité au milieu de la confusion, pour en jouir pleinement. Je suis au septième ciel lorsque mon cœur chante la simple gratitude d'être en vie.

Nous devons faire la distinction entre l'écoute du cœur et l'idée intellectuelle que nous nous en faisons. Notre esprit passe son temps à vouloir nous imposer ses interprétations qui, en ce qui concerne le domaine du cœur, ne sont que bavardage. Notre cœur n'acceptera pas qu'on cherche à le guider ou à lui dire quoi ressentir : il exprime simplement ce qu'il ressent.

C'est en trouvant la paix que nous reconnaîtrons clairement nos priorités et que nous dirigerons le mieux notre attention. C'est en nous ouvrant à l'expérience de la paix du cœur que nous apprendrons à vraiment nous connaître.

CHAPITRE 4

Savoir et non pas croire

Notre façon de penser a un impact puissant sur notre façon de vivre. Par la réflexion, nous parvenons à comprendre à la fois les défis et les opportunités qui se présentent à nous, et donc à prendre de meilleures décisions.

Ainsi devrions-nous célébrer le pouvoir du cerveau. Pour autant, il est judicieux de connaître les limites de la pensée. Même si nous interagissons avec le monde de diverses manières, dans la plupart des sociétés modernes c'est la pensée qui domine la façon dont les êtres humains conçoivent leur vie. La plupart d'entre nous essaient de loger tout ce qu'ils rencontrent dans le cadre de leurs *croyances*. Mais cela semble une manière rigide de répondre à la richesse et au flux de l'existence, à l'agitation merveilleusement complexe et désordonnée de la vie.

Il existe une façon plus satisfaisante de se relier au monde à l'intérieur et à l'extérieur de nous. *Le summum de l'expérience humaine consiste à être à la fois intellectuellement présents à ce qui se passe autour de nous et pleinement centrés sur nous-mêmes. De cette façon, notre esprit est ouvert au changement tandis que notre cœur nous garde ancrés dans notre identité.* Grâce à la connaissance de soi, nous sommes en mesure de nous concentrer sur ce qui se passe en nous : sans ignorer le monde, il suffit d'enrichir simplement nos croyances avec la connaissance de l'essentiel. À une époque où le fait de penser est souvent survalorisé, cet équilibre conscient se révèle fondamental.

Trouver les limites de la pensée

En quoi est-ce un problème de laisser le mental dominer notre expérience de la vie ? Parce que nos pensées et nos croyances ont souvent le plus grand mal à expliquer et à exprimer ce que nous sommes réellement.

Imaginez la scène : vous venez vous asseoir à côté de la personne qui compte pour vous le plus au monde, et vous lui demandez : « Est-ce que tu m'aimes ? » Et elle vous répond : « Je pense que oui. » Elle *pense* qu'elle vous aime ? Et si elle avait dit : « Je crois bien que oui. » Elle *croit* vous aimer ? Autant dire : « Pas du tout ! » On *sait* si on aime quelqu'un ou non.

Voici une autre question très simple, révélatrice des limites de la pensée : « Qui êtes-vous ? » Elle oblige à aller au-delà de nos croyances pour ressentir. Nous ne pouvons pas y répondre de façon satisfaisante en donnant simplement notre nom, notre âge, notre sexe, notre emploi, notre état civil et notre couleur préférée.

Swami Vivekananda, moine hindou qui fut un porte-parole international de la philosophie du Vedanta, a dit un jour : « Croire aveuglément, c'est déprécier l'âme humaine. Soyez athée si vous voulez, mais ne croyez en rien sans discernement. »

On comprend intuitivement le danger de la croyance aveugle, cependant croire semble tellement plus facile : quelqu'un a réfléchi pour nous. En réalité, savoir n'est vraiment pas si difficile : il s'agit de se connaître soi-même, et non de dépendre de quelque chose ou quelqu'un.

Un univers intérieur

Quand Socrate déclare : « Connais-toi toi-même », il nous invite à nous ouvrir à l'expérience de notre propre univers intérieur. Et qu'est-ce que l'on découvre lorsqu'on atteint ce stade de la connaissance ? Pas une liste de croyances. Ni la révélation de nos traits de caractère, de notre type de personnalité ou d'autres facteurs psychologiques nous concernant. Pas plus qu'une théorie sur qui nous sommes.

On éprouve plutôt un sentiment ineffable de paix et une profonde appréciation de notre présence en ce monde. On se sent relié au pouvoir universel. C'est une expérience rare et précieuse dans un monde de bruit et d'agitation : la joie d'exister, tout simplement.

Nous raisonnons à partir de questions.

Qui ? Quoi ? Où ? Quand ? Comment ? Pourquoi ? Et ainsi de suite. *Ces questions peuvent être utiles dans la vie quotidienne, mais elles ne nous mèneront pas vers l'infini.* Pour nous ouvrir à l'expérience de ce qui *est*, au sens le plus profond du terme, nous devons nous éloigner du cadre du mental. C'est lorsque nous laissons ces questions de côté que nous commençons à comprendre ce que c'est que de *savoir*.

En Inde, la connaissance de soi est appelée *raj yoga*. *Yoga* ne signifie pas « se plier dans toutes sortes de postures », mais « l'union ». *Raj* signifie « roi ». Ainsi, le *raj yoga* est le yoga royal, celui qui nous met en liaison avec le divin, la plus grande de toutes les alliances. Et le divin n'est pas une force mystérieuse cachée dans une montagne : il est la paix du cœur.

Le cœur s'exprime d'une façon aussi directe que le corps. Quand notre corps a faim, il nous le dit. Quand notre corps est fatigué, il nous le dit. Quand notre corps a mal, il nous le fait savoir. Aucune convenance, pas de manières. « Tu as faim ? Tu devrais manger quelque chose », nous dit-il. La connaissance de soi permet d'entendre distinctement le moi intérieur, si bien que lorsque le cœur est comblé, on ne peut l'ignorer. Quand notre cœur est rempli de joie, on le sait. Quand notre cœur est plein d'amour, on le sait. Le langage de la paix intérieure est limpide, puissant, instantané. Il est empreint d'une poésie toute simple, délicate, pure.

Quand notre cœur est plein d'amour, on le sait. Le langage de la paix intérieure est limpide, puissant, instantané. Il est empreint d'une poésie toute simple, délicate, pure.

Trouver son chemin

Quelle est la première règle de navigation du pilote ? Savoir où il se trouve ! Aussi précise et détaillée soit-elle, une carte aéronautique est inutile, si l'on ne connaît pas sa position. Croire à quelque chose ou à quelqu'un sans se connaître soi-même, c'est comme avoir une carte entre les mains sans savoir où l'on se trouve. Si l'on ne sait pas où l'on est, comment se rendre là où l'on veut aller ?

Les pilotes peuvent subir ce qu'on appelle une « perte d'orientation ». Cela leur arrive lorsque leur calculateur de vol ne reconnaît plus leur position, leur altitude ou leur vitesse.

Totalement désorientés, ils ne sont pas là où ils croient être. Il peut nous arriver de vivre pareille mésaventure dans notre vie quotidienne. Sans nous connaître nous-mêmes, nous pouvons échafauder toutes sortes de plans sans comprendre ce qui est réellement important. Nous nous posons sans fin des questions qui nous éloignent toujours un peu plus de la réponse que nous attendons. Sans connaître notre soi, nous pouvons ressentir un besoin impérieux de paix intérieure sans pour autant jamais atteindre celle qui est déjà là en nous.

La Connaissance de soi consiste à connaître sa position actuelle. À partir de ce point, nous sommes en mesure d'apprécier notre existence ici et maintenant. Savoir simplement que nous sommes bénis par la vie, et que chacun d'entre nous a la possibilité de se sentir comblé, à sa place, chaque jour, chaque heure et chaque minute. Lorsque nous sommes reliés à la paix intérieure qui est en nous, nous sommes en mesure d'apprécier le voyage de la vie au lieu d'attendre d'arriver un jour à une destination imaginaire.

Trouver le sens en soi-même

Le point de départ de tout se trouve en nous. Nous regardons par la fenêtre et pensons : « Ah, comme le monde est beau ! » sans nous rendre compte que la beauté commence en nous. *Si l'humanité disparaissait, la beauté disparaîtrait avec elle parce qu'elle vient de nous.* Nous portons un univers infini de splendeur, en ce moment même, en nous. La connaissance de soi est le chemin qui mène à toutes les merveilles qui s'y trouvent, qui attendent et méritent notre attention.

Pensez à la douceur d'une mangue. Son incroyable saveur ne se révèle que lorsque nous la dégustons. Sans notre désir et notre soif de la goûter, la mangue ne serait qu'un fruit doté de certaines propriétés chimiques. Grâce à notre appétit et notre gourmandise, la dégustation de la mangue devient une expérience délicieuse. Il en est de même avec la délicatesse de la vie : elle est là pour être goûtée.

Imaginez que vous avez très soif. On vous propose de choisir entre un verre d'eau fraîche ou une conférence d'une demi-heure sur les qualités d'un verre d'eau fraîche. Que choisissez-vous ? Cela tombe sous le sens ! Plutôt que d'essayer de satisfaire notre soif de connaissance de soi en développant une théorie sur notre identité, mieux vaut choisir d'apprendre concrètement à se connaître.

Sans l'expérience, tout ce que nous pensons et croyons reste purement théorique. Nous commençons alors à déformer la réalité pour qu'elle colle à nos idées. Cela me rappelle une boutade d'un économiste : « L'idée fonctionne bien en pratique, mais est-elle valable en théorie ? »

La théorie a de nombreux avantages, parfois d'une importance capitale, pourtant elle a ses limites. Imaginez un homme qui a promis à sa compagne qu'il va lui préparer un délicieux repas pour célébrer l'anniversaire de leur rencontre.

– Qu'as-tu préparé pour le dîner, chéri ? lui demande-t-elle.

– Oh, je t'aime tant que j'ai passé tout l'après-midi à réfléchir à ce que je voulais préparer pour toi.

– Ça promet un repas délicieux !

– Du coup, je n'ai pas eu le temps de préparer quoi que ce soit.

C'est comme un débat philosophique. Il est intéressant de réunir les meilleures connaissances intellectuelles à propos de l'être humain, mais n'est-il pas beaucoup plus intéressant de les transformer en une expérience vivante ? La vie n'est pas une théorie, elle est expérience.

Que signifie connaître ?

De quelle connaissance parlons-nous ? Nous pouvons savoir que nous sommes en vie, que les moments que nous traversons sont réels, que nous pouvons profiter pleinement de chaque instant, que la paix intérieure apporte le sentiment de plénitude que nous recherchons, que lorsque nous sommes en paix, le monde intérieur et le monde extérieur sont éclairés, dans toute leur gloire. Mais au-delà de ce savoir théorique, il s'agit de vivre vraiment l'expérience du divin en soi. Trop y réfléchir peut nous distraire des vérités simples. Comme l'écrit le dramaturge grec Euripide : « L'intelligence n'est pas la sagesse. » On a parfois l'impression que plus les gens lisent et moins ils savent.

> Les personnes les plus avisées d'une contrée s'étaient réunies pour déterminer lequel, du soleil ou de la lune, était le plus important. Après avoir délibéré tant et plus et en long et en large, ils arrivèrent à la conclusion que la lune était plus importante. Pourquoi ? « Regardez, le soleil brille dans la journée, alors qu'il y a déjà beaucoup de lumière. Mais la nuit, si la lune ne brillait pas, il ferait noir. »

La première fois que j'ai entendu cette histoire, je l'ai trouvée ridicule. Puis j'ai réalisé que nous pensons souvent de cette façon, en sous-estimant l'importance des choses essentielles de notre vie, qui sont sous notre nez. Lorsque nous commençons à apprécier ce qui compte vraiment, c'est comme si une lumière se mettait à briller au-dessus de nous, illuminant le merveilleux cadeau qui nous a été fait.

Le chemin dégagé

Je me déplaçais en voiture à l'heure de pointe dans Londres quand, devant moi, je vis un homme marcher dans la rue d'une manière particulière. Sa gestuelle était différente de celle des autres passants. En m'approchant, j'ai compris que cet homme était aveugle, et qu'il utilisait une canne pour se repérer dans l'espace.

J'avais déjà vu un grand nombre de personnes malvoyantes se déplaçant à l'aide d'une canne, mais ce n'était pas ce détail qui avait attiré mon attention. Cet homme ne se souciait ni du mur à sa droite, ni de la rue à sa gauche, ni des autres obstacles potentiels autour de lui. Il se servait de sa canne pour délimiter une zone suffisamment dégagée pour pouvoir continuer à se déplacer en toute sécurité. Ses mouvements étaient volontaires, ils suggéraient qu'il n'était pas distrait mentalement par la circulation de la rue, par les passants qui parlaient devant un magasin, par la musique en provenance de la voiture garée à côté, par le gros chien qui aboyait non loin de là… Il savait où il était, et il se posait sans cesse une question claire : est-ce que la voie est libre devant moi pour que je puisse continuer ?

J'ai réfléchi à l'efficacité de son approche en regard de la façon dont nous nous déplaçons mentalement dans notre vie. Parfois, nous imaginons des obstacles et des problèmes potentiels à tous les coins de rue. *Nous voyons des dangers là où il n'y en a pas, et nous ignorons ou passons à côté de ceux qui existent.* Nous laissons notre attention se porter sur ce qui bouge autour de nous, plutôt que sur l'endroit où nous sommes et celui vers lequel nous voulons aller. Lorsque nous observons la montagne, nous avons le sentiment qu'elle est infranchissable. Or un sentier la contourne. Nous restons bloqués sur la pensée des entraves qui se dressent devant nous, sans voir la simplicité du chemin tout tracé qui nous attend.

Que fait la personne malvoyante lorsqu'elle rencontre un obstacle ? Elle l'évite. Que faisons-nous lorsque nous rencontrons un obstacle dans notre esprit ? Souvent, nous continuons à marcher vers lui, espérant qu'il s'écarte d'une manière ou d'une autre.

Selon mon expérience, la connexion à notre être le plus intime ne nous libère pas des difficultés comme par magie. Ce qu'elle peut faire, c'est nous aider à mieux appréhender ce qui se présente. Nous sommes alors libres de choisir comment réagir. Si nous nous concentrons sur ce qui est important pour nous et que nous continuons à rechercher un chemin dégagé, nous pouvons continuer à aller de l'avant.

Quand la vie semble envahie par les épreuves, cela peut devenir oppressant. Mais il existe toujours une voie libre lorsque nous choisissons de trouver la paix intérieure. C'est de ce point-là qu'il faut partir.

Une conversation entre la tête et le cœur

Nos sentiments ne correspondent pas toujours à la réalité. Nous sommes tous capables d'irrationalité par moments. Nos émotions sont aussi fortement susceptibles d'être influencées par notre mental. Si nous ne nous connaissons pas nous-mêmes, tout, y compris nos émotions, peut nous tromper. Seule la connaissance de soi et de sa vie intérieure permet de se relier à un éventail de sentiments plus profonds.

Le fait d'écouter attentivement et d'harmoniser mes pensées et mes sentiments les plus profonds m'a beaucoup aidé. S'ils se trouvent en désaccord, c'est le moment d'inviter cœur et mental à s'asseoir autour d'une table pour discuter. On peut aussi inviter une autre partie de soi-même : son instinct, son intuition ou encore la somme de ses expériences vécues.

Notre mental étant souvent celui qui crie le plus fort, il peut se révéler utile de cultiver la voix du cœur. Tandis que nos pensées nous parlent d'attentes, de plans, d'aspirations et d'angoisses, le cœur se contente de nous inviter à nous sentir comblés. C'est pourquoi, à mon sens, la réponse la plus significative à la question « Qui es-tu ? » se trouve dans le cœur.

Alors que notre intellect tente sans cesse de créer du sens, notre cœur en déborde. Prenons l'exemple de l'amour : aucune explication n'est jamais nécessaire. Quelles que soient les raisons que notre esprit tente de nous donner, soit notre cœur vibre, soit il ne vibre pas. Nous ne sommes pas capables d'expliquer pourquoi nous aimons : l'amour *est*, comme la paix, et c'est merveilleux.

C'est la même chose avec la paix : elle relève du domaine du cœur. La soif de paix est en nous et c'est en nous que nous trouverons la source pour l'étancher. C'est pourquoi il est toujours fascinant de parler de paix à quelqu'un pour la première fois : cela commence par des mots pour accorder nos esprits. Puis nous commençons à entrevoir la beauté indicible de la paix. Et en fin de compte, elle fait sens en tant que ressenti. Nous seuls pouvons vivre et comprendre ce sentiment.

Un héritage inutile

Notre mental est plein de ce que nous avons choisi d'accepter et de croire au fil des ans. Nos croyances sont parfois un pesant fardeau. Imaginez-vous un instant lâcher ces sacs lourds de certitudes. Imaginez la légèreté que vous ressentiriez et l'espace qui s'ouvrirait pour de nouvelles idées et de nouvelles expériences.

Il existe différentes façons d'acquérir un savoir. Cela peut être, par exemple, de répéter par cœur. La première fois que j'ai visité le Japon, je voulais apprendre à dire « merci » en japonais, aussi ai-je demandé à des amis de me l'apprendre.

– *Arigatou gozaimasu*, m'ont-ils répondu.

– Je vous demande pardon ?

Cela résonnait d'une façon tellement étrange à mes oreilles.

– *Arigatou gozaimasu !*

– Hum, hum…

Lentement, mes amis m'ont aidé à analyser les mots, à les comprendre et à m'entraîner à les dire jusqu'à ce que la phrase ait un sens pour moi et que je puisse l'utiliser dans la vie pratique. Puis ils ont fait de même avec d'autres phrases courantes. Il s'agissait de m'approprier ces mots étrangers, de les faire miens.

Nos parents et nos enseignants nous ont fait partager leur compréhension du monde. Pour acquérir notre indépendance, nous devons nous préparer à reconsidérer ce qui nous a été enseigné. Les hypothèses que nous faisons et les questions que nous posons sur la vie sont-elles effectivement les nôtres ? La plupart des pensées qui nous assaillent ne nous appartiennent pas vraiment, et nous devrions avoir toujours la possibilité de baisser le volume de ces voix extérieures pour entendre la nôtre.

Vos parents vous ont probablement transmis leurs points de vue avec des intentions louables, pourtant ils n'avaient pas nécessairement raison. Génération après génération, les idées toutes faites se transmettent et nous transportons cet héritage intellectuel comme un lourd fardeau. Nous devons remettre en question ce que nous avons appris afin de continuer à voir le monde à travers nos propres yeux et non ceux des autres.

Je me souviens d'un cours de science au cours duquel notre professeur nous a dit : « Allez à la page 132 de votre livre de physique. » Nous nous sommes reportés à cette page. Après quelques minutes de lecture du texte, le professeur nous a fait remarquer que le livre définissait à tort l'atome comme indivisible. « Rayez cela de vos esprits ! » a-t-il crié. Cela me fit réfléchir : tous ceux qui avaient suivi ce cours l'année précédente s'étaient servis de ce livre, et, dans leur esprit, l'atome était peut-être encore indivisible !

Au fil des ans, j'ai constaté que les idées dont nous avons hérité peuvent nous empêcher d'assimiler ce qui est nouveau, tandis que l'apprentissage par le biais de notre propre vécu ouvre à un monde de possibles. Peut-être l'expérience nous inspire-t-elle plus confiance que les idées ?

C'est pourquoi je vous invite à ne pas vous contenter de croire mes paroles : mettez-les à l'épreuve, non de vos théories, mais de votre ressenti.

Ne dites rien

Lorsque quelqu'un commence à remettre en question nos certitudes, cela peut nous faire peur. La croyance et la peur s'enlacent inextricablement tels deux buissons d'épines poussant côte à côte. Il est difficile de les séparer. Si nous vivons dans la peur, nous sommes tentés de trouver refuge dans les croyances, lesquelles peuvent entraîner d'autres peurs.

Je trouve utile d'aborder l'apprentissage en rappelant l'équilibre entre l'esprit et le cœur que j'ai mentionné plus haut : mon esprit est censé être ouvert au changement constant, tandis que mon cœur demeure immuable. Cela donne non seulement une grande force d'âme, mais aussi la volonté d'entendre d'autres points de vue.

Il était une fois un jeune homme qui voulait devenir sage. Il partit à la recherche d'un guide. Il le chercha longtemps et dans différentes contrées, jusqu'à ce qu'il tombe enfin sur un homme qui lui parut correspondre à la définition du maître spirituel. Il l'approcha et lui dit :

– Pourriez-vous m'enseigner la sagesse ?

L'homme sembla réticent.

– Êtes-vous vraiment prêt à la recevoir ?

– Absolument, répondit le jeune homme. Je la cherche depuis des années, je viens de loin et je suis prêt.

Le sage réfléchit un instant :

– J'accepte volontiers, mais je dois d'abord arroser mes plantes. Venez avec moi jusqu'au puits, vous attendrez pendant que je puise l'eau. En outre, je pose une condition :

quoi qu'il arrive, restez calme et ne dites rien. Quand j'aurai fini d'arroser mes plantes, je vous enseignerai la sagesse.

Alors l'étudiant se dit en lui-même : « C'est parfait, je n'ai qu'à me taire, le regarder arroser ses plantes et il m'enseignera. »

Ils se rendirent au puits, et le sage y fit descendre son seau. Au bout d'une minute, il le hissa. Mais il était percé de quantité de trous, à tel point que l'eau s'en échappait de partout, et le seau se vida complètement. Aussitôt, le sage le reprit et le fit à nouveau descendre dans le puits.

L'étudiant commença à se poser des questions : « C'est étrange : est-il vraiment si sage ? Ne sait-il pas que son seau est percé ? Comment va-t-il pouvoir arroser ses plantes, si, chaque fois qu'il remonte son seau, celui-ci se vide ? » Puis il pensa : « De toute façon, je n'ai qu'à me taire, et il me donnera la sagesse. » Le sage remonta le seau. Une fois encore l'eau jaillit par les trous et le seau se vida rapidement. L'élève sentit des doutes se lever en lui, néanmoins il se dit : « Tais-toi, et tu obtiendras la sagesse. »

Une troisième fois, le seau remonta en perdant son eau. L'étudiant se mit cette fois à douter très sérieusement. « Pourquoi ne voit-il pas que son seau fuit ? Cet homme peut-il vraiment être un maître ? »

Pour la quatrième fois, le seau ressortit du puits en laissant échapper son eau par tous les trous, et le sage s'apprêta à recommencer l'opération. L'étudiant était interloqué : « Ça ne tourne vraiment pas rond chez cet homme. Peut-il vraiment m'apprendre quelque chose ? »

Il ne put se retenir plus longtemps.

– Excusez-moi, dit-il au sage, savez-vous que votre seau est plein de trous et qu'il ne peut rien contenir ?

Le sage reposa le seau, sourit et vint s'asseoir près du jeune homme.

– C'est vrai, le seau est tout troué, il ne peut pas retenir l'eau. Et vous venez de montrer que votre propre seau est lui aussi percé de trous et qu'il ne peut donc rien contenir. Votre esprit est plein de croyances comme ce seau est plein de trous.

La conclusion est simple : si l'esprit est saturé de croyances, il lui est difficile d'accueillir et d'apprendre de nouvelles choses venant des autres. Peut-être, si l'étudiant avait été plus patient, aurait-il compris que le sage voulait tester jusqu'à quel point il était capable de remettre en cause ses certitudes pour acquérir un savoir nouveau. Quant à la sagesse, elle se diffuse telles les ondulations créées par une pierre lancée dans un étang.

À l'inverse, un sceptique vint un jour écouter une conférence de mon père avec l'intention de le chahuter à la première occasion. Cela l'obligea à écouter attentivement son discours. Il ne l'interrompit jamais. Tant et si bien qu'à la fin de la conférence il était prêt à demander à mon père de l'enseigner. Venu avec des idées préconçues et dans un but précis, il était resté suffisamment ouvert pour laisser son cœur et son intelligence à l'écoute.

Le besoin de savoir

On me dit parfois : « Sois réaliste : cette histoire de paix intérieure n'est qu'une chimère ! » Certaines personnes ont peur de laisser entrer la moindre incertitude dans la forteresse de leurs convictions.

Les doutes peuvent rendre fous. Si vous doutez de la fidélité de la personne que vous aimez, la peur qui en découle ne sera pas dissipée par la théorie.

Permettez-moi d'illustrer cela à travers un des nombreux contes qui met en scène l'empereur Akbar, souverain indien du XVIe siècle, et Birbal, son conseiller[1].

Un jour, la femme de l'empereur Akbar s'approcha de son mari et lui dit :

– Tu préfères prendre Birbal comme conseiller plutôt que mon frère. Pourtant c'est ton parent, tu devrais le privilégier. Birbal ne fait pas partie de la famille !

– Oui, je préfère Birbal, répondit Akbar. Il est plein d'esprit et très intelligent.

Sa femme répliqua :

– Mon frère aussi, et je veux que ce soit lui que tu nommes conseiller.

– Comment comptes-tu t'y prendre ? demanda Akbar.

– Tu te promènes dans le jardin. Tu appelles Birbal. Tu lui demandes de venir me chercher. Je ne viendrai pas, et ainsi tu pourras invoquer son inefficacité comme prétexte pour le renvoyer.

Plus tard, comme Akbar se promenait dans ses jardins, il demanda à ses serviteurs d'aller chercher Birbal.

Aussitôt, Birbal arriva.

– Oui, Votre Majesté ? Que puis-je faire pour vous ?

– Va chercher ma femme. J'aimerais l'avoir avec moi pendant ma promenade.

Birbal regarda Akbar.

1. Extraits de *Le Radjah Akbar et son conseiller Birbal.*

– Votre Majesté, s'étonna Birbal, vous avez tant de serviteurs, pourquoi me faire cet honneur ?

L'empereur eut un petit sourire en coin.

– Pour rien. Je te choisis, c'est tout.

Birbal comprit qu'il y avait un problème. Il pressentit que l'épouse de l'empereur avait dû elle-même le pousser à exprimer cette demande et en déduisit qu'elle ne comptait pas venir.

Avant d'arriver aux appartements de l'impératrice, il arrêta l'un des gardes et lui dit :

– Je vais m'entretenir avec Son Altesse. Pendant que je serai en train de lui parler, entre dans la pièce et viens me chuchoter quelques mots à l'oreille. Prononce les derniers mots suffisamment fort pour qu'elle entende : « … et elle est très belle. »

Sur ce, Birbal alla trouver l'impératrice :

– Votre Altesse, l'empereur souhaite que vous le rejoigniez dans le jardin.

Elle refusa et il argumenta, sans succès. À ce moment-là, le garde entra, fit semblant de chuchoter quelque chose à l'oreille de Birbal et, selon ses instructions, haussa la voix pour déclarer : « … et elle est très belle. » Sur ces mots, il partit.

Birbal se tourna vers l'impératrice :

– Votre Altesse, il est inutile que vous veniez, maintenant. Mais je crois qu'on a besoin de moi là-bas.

Là-dessus, il prit congé.

Deux minutes plus tard, l'impératrice était à côté de son époux dans le jardin. L'empereur se tourna vers elle.

– Tu vois, dit-il, je t'avais prévenue que Birbal était très brillant.

– Comment as-tu fait, Birbal ?

Et Birbal de répondre :

– Majesté, je n'ai eu qu'à planter une petite graine de doute. Ça a été plus fort qu'elle : il fallait qu'elle sache.

De l'enseignement

Mon père nous disait souvent, à mes frères et à moi :

– Je n'ai jamais compris comment il faisait, mais mon maître répondait même aux questions que je ne lui avais pas posées.

L'une des choses que nous avons apprises de notre père, c'est d'écouter puis de réfléchir à ce qui nous était enseigné. Souvent, les questions s'éclairaient lorsque j'avais réellement écouté les réponses.

Je lui sais infiniment gré de ce qu'il m'a apporté, notamment cette capacité de plonger en moi-même et de m'en sentir comblé. Même si la relation père-fils n'existe plus depuis longtemps puisqu'il est mort, le cadeau qu'il m'a fait continue de porter ses fruits. Mon ambition est de partager les graines de ce fruit avec le plus grand nombre de personnes possible.

Il n'était pas toujours facile d'être considéré comme un maître quand j'étais jeune. Je me rappelle ces grandes salles pleines de médecins, d'avocats et de nombreux autres adultes lettrés, assis patiemment, attendant que je parle. Je n'avais pas plus de neuf ou dix ans ; ils en avaient trente, quarante, cinquante – et ils attendaient le moment de me poser des questions. Et moi, je devais leur donner des réponses.

Quand je parlais, on me demandait souvent :

– Comment savez-vous cela ?

Ma réponse était toujours :

– Parce que je l'ai vécu.

On me demandait aussi :

– Pouvez-vous nous montrer ?

Et je répondais :

– Oui, mais avant cela vous devrez ressentir votre soif d'éprouver la paix.

En effet, la préparation à la connaissance de soi commence par la reconnaissance du désir de se connaître soi-même. Il ne sert à rien de se lancer dans ce voyage si vous ne cherchez qu'à renforcer vos croyances et vos certitudes existantes ; il s'agit de ressentir le besoin de vous connaître dans toute votre vérité. Exactement comme lorsque vous offrez un cadeau tout emballé à un enfant. Il commence à demander : « Qu'est-ce que c'est ? Est-ce que c'est ceci ? Est-ce que c'est cela ? Je devine ce que c'est ! » L'enfant essaie de faire correspondre la forme de son cadeau à ce qu'il désire. Or la seule façon de savoir ce qu'il y a à l'intérieur est d'enlever les différentes couches de papier d'emballage. Il en est de même avec la quête de soi.

En Inde, à la fin de mes tournées de conférences, je retournais à l'école et redevenais l'élève. L'adaptation n'était facile ni pour mes professeurs ni pour moi. Un jour j'étais devant un auditoire qui m'écoutait avec une grande attention ; le lendemain les enseignants me houspillaient : « Tu es en retard ! » Et je l'étais, sans doute.

« Qui suis-je ? », me suis-je alors demandé. J'ai commencé à répondre à cette question par cette observation simple : « Ma vie est en perpétuel changement, mais, grâce à la connaissance intérieure, je serai toujours relié à moi-même. » Dans un grand moment de lucidité, j'ai compris que rien ne dure éternellement, que je n'avais donc pas besoin de me préoccuper de passer d'un rôle à l'autre. J'ai pensé : « Je ne serai pas éternellement un élève, mais tant que je suis à l'école, je peux être cette autre variante de moi-même. » Et aussi : « Je ne serai pas un enfant toute ma vie, mais tant que je le suis, je peux être ce fils-là. » Ou encore : « Je ne vais pas forcément donner des conférences sur la sagesse en Inde toute ma vie, mais tant que je suis là, je peux le faire. »

Comprendre que rien dans la vie n'est figé a été libérateur. Cela m'a permis d'être plus flexible dans ma façon de voir les choses.

Suspendre ses opinions et croyances

« La sagesse commence par l'émerveillement » disait Socrate, résumant une fois de plus une vérité profonde en quelques mots.

La même pensée résonne dans le souhait du poète anglais Samuel Coleridge[1] que les lecteurs ou les spectateurs se libèrent de leur pensée logique afin de pouvoir vivre une expérience qui dépasse leurs croyances. Cette opération mentale consiste à mettre un temps de côté son scepticisme.

Il écrit : « Éveiller l'attention de l'esprit pris dans une routine léthargique, en le dirigeant vers la beauté et les merveilles de ce qui nous entoure – trésor inépuisable mais pour lequel, du fait d'un voile de familiarité et de sollicitude égoïste, nous avons des yeux qui ne voient pas, des oreilles qui n'entendent pas et des cœurs qui ne ressentent ni ne comprennent. »

1. Auteur du XVIIIe siècle. Il est à l'origine du concept de suspension consentie de l'incrédulité.

Dans le même esprit, ce qui est en jeu dans notre vie, c'est une « suspension volontaire », une trêve des opinions et croyances.

Certes, nous aurons toujours besoin d'une pensée intelligente et d'idées approfondies pour éclairer notre compréhension du monde. La science nous apporte des bénéfices considérables. En revanche, lorsqu'il s'agit de la connaissance de soi, nous devons être capables de faire taire notre mental et d'écouter une voix plus profonde en nous. Nous devons avoir des yeux qui voient vraiment, des oreilles qui entendent vraiment, et des cœurs qui ressentent, comprennent, et savent véritablement.

Tout en continuant à développer notre esprit, quel mal y a-t-il à pratiquer une suspension délibérée de nos opinions et croyances ? N'y a-t-il pas là une façon d'arracher notre attention à la léthargie d'une vie routinière et à l'orienter vers les merveilles qui existent en nous et autour de nous ?

CHAPITRE 5

Commencez par vous-même

Un jeune homme marchait le long d'une route lorsqu'il aperçut un homme âgé, courbé sous le poids d'un lourd fagot qu'il portait sur le dos. Le jeune homme pensa : « Cet homme est en vie depuis longtemps, alors que je ne fais que commencer la mienne – et si je lui demandais quelques conseils ? » Il alla vers lui :

– Vieil homme, pouvez-vous me donner des conseils sur la vie, je vous en prie ?

L'homme le regarda, fit glisser la lourde charge de ses épaules, la posa à terre et se redressa. Il jeta un nouveau coup d'œil au jeune homme, puis replaça le fardeau sur ses épaules et s'éloigna.

La morale de cette histoire ? Peut-être de limiter les fardeaux que nous portons… Ou de nous limiter à ce qui est à faire en évitant d'accorder trop de temps à ce qui nous distrait. Ou encore que les gestes parlent souvent plus que les mots. Ce que je retiens avant tout de cette histoire, c'est qu'elle nous rappelle que la vie nous demande de nous tenir sur nos deux pieds. On peut certes avoir besoin des autres de temps à autre, mais on reste toujours responsable de soi-même.

Mener notre barque

À notre naissance, nous étions le centre du monde. Les complexités et les bouleversements de la vie ne nous avaient pas encore affectés, et nous pouvions exprimer cette pure énergie d'être en vie et d'avoir des besoins. Pensez à la façon si naturelle dont un bébé rit et pleure. Pensez au large sourire d'un enfant qui s'amuse. Pourquoi laissons-nous s'en aller ces façons d'être ?

Où sont passés notre joie, notre amour, notre paix ? Ils sont là, au fond de nous, oubliés.

C'est ainsi qu'au lieu d'essayer de réactiver cette connexion à soi-même, nous allons chercher nos réponses au-dehors. Si je peux parfois trouver une écoute attentive et des conseils, en définitive, moi seul suis responsable de mon bonheur, comme vous du vôtre.

Vous acceptez-vous ?

Nous croyons souvent à tort que ce que notre famille, nos amis et nos collègues pensent de nous coïncide avec ce que nous sommes. Nous finissons souvent par modeler nos opinions en fonction des opinions des autres, ou en fonction de ce que nous croyons que les autres pensent. Il nous arrive de ressembler à des politiciens qui ne cessent de consulter les sondages d'opinion pour vérifier leur cote de popularité, et disent seulement ce qu'ils supposent que les électeurs ont envie d'entendre. Or les opinions des gens n'ont rien à voir avec nos propres besoins. L'empereur philosophe Marc Aurèle l'a formulé ainsi :

« *Le bonheur de chaque homme dépend de lui-même, et pourtant voici que vous placez votre bonheur dans les âmes et les idées des autres.* »

Il est difficile de respecter quelqu'un qui ne se respecte pas lui-même. Pourtant ce besoin d'être accepté nous suit partout. Nous nous inquiétons de ce que des inconnus pensent de notre apparence, de savoir si nous avons dit quelque chose d'intelligent dans une réunion ou si on nous trouve sympathiques. Mais nous acceptons-nous nous-mêmes ? Aimons-nous passer du temps avec nous-mêmes ? Nous comprenons-nous ? Nous apprécions-nous ? Il ne s'agit pas d'être égocentré, mais d'être centré sur soi.

Ne vous offensez pas, n'offensez personne

À la maison, au travail, à l'école, en public, nous nous sentons constamment jugés et nous rendons la pareille. Nous reprochons aux autres de nous juger ! Ainsi, un climat négatif peut s'installer comme le fait un système atmosphérique et, avant qu'on ait le temps de s'en aviser, des tempêtes se lèvent.

Imaginez deux produits chimiques, stables en eux-mêmes, qui explosent lorsqu'on les mélange. Considérez maintenant les jugements mutuels que deux personnes portent l'une sur l'autre. Mélangez ces deux produits chimiques ensemble : cela déclenche un processus de combustion émotionnelle.

On peut pourtant s'y prendre autrement. Ce n'est pas toujours chose facile, mais si nous renonçons (autant que possible) à juger les autres et que nous nous concentrons sur notre propre estime de soi, cela change tout. Recentrés sur nous-mêmes, peu nous importe alors d'entendre les opinions des autres, quelles qu'elles soient.

Un mantra qui me semble salutaire est le suivant : « Ne vous offensez pas et n'offensez personne. » Autrement dit, *si vous ne prenez pas à votre bord une cargaison de commentaires négatifs, vous ne ressentirez pas le besoin de les larguer au prochain port.*

Lorsque la tentation nous guette de nous polariser sur le caractère de quelqu'un, nous pouvons choisir de nous centrer plutôt sur nous-mêmes. Comment suis-je, moi ? Est-ce que je me comprends ? Suis-je bienveillant et aimant envers les autres ? Est-ce que je ressens la paix en moi ? *Ne cherche pas la bienveillance des autres tant que tu ne l'as pas trouvée en toi.*

Ne cherche pas l'amour des autres avant d'avoir trouvé l'amour en toi. Ne recherche pas la paix chez autrui tant que tu ne l'as pas trouvée en toi-même.

Le poète Rûmî a magnifiquement rendu cette idée : « Hier, j'étais intelligent, alors je voulais changer le monde. Aujourd'hui je suis sage, donc je me change moi-même. ». Cette même sagesse fut exprimée à nouveau, quelque six cents ans plus tard, par l'écrivain russe Léon Tolstoï : « Dans notre monde, tout le monde pense à changer l'humanité et personne ne pense à se changer soi-même ».

En clair, il faut commencer par soi-même.

Ce n'est pas votre affaire

Je suis tombé sur un merveilleux dicton qui nous propose une autre façon de répondre à la critique : « Ce que les autres

Ne cherche pas
la bienveillance des autres
tant que tu ne l'as pas trouvée en toi.

pensent de vous ne vous regarde pas. » Mais oui ! Si quelqu'un que vous respectez fait une remarque pertinente à votre sujet, très bien, tirez-en un enseignement. Dans le cas contraire, poursuivez votre chemin.

Un mari et sa femme ayant fait un long voyage se mirent à marcher à côté de leur cheval. Des villageois les virent et firent des commentaires :

– Ce couple est stupide : ils ont un cheval mais ils ne le montent pas.

En entendant ces paroles, l'homme et la femme se consultèrent :

– Bien, montons sur notre cheval.

Et ils l'enfourchèrent tous les deux.

Dans le village suivant, des habitants sortirent de leurs maisons pour regarder passer les étrangers et glosèrent :

– Comme ces gens sont cruels : ils montent tous les deux ce pauvre cheval !

À nouveau, ils entendirent ces reproches. L'homme se dit : « Je dois manifester de l'attention pour le cheval et pour ma femme. » Ainsi invita-t-il celle-ci à s'y asseoir pendant qu'il marcherait – ce qu'elle fit.

Au prochain village d'autres personnes commentèrent :

– Voyez cette femme qui n'a aucune attention pour son mari.

Pour protéger sa femme des critiques, l'homme lui dit :

– Descends, je vais m'asseoir sur le cheval.

Bien entendu, au village suivant, les villageois le désapprouvèrent :

– Vous n'avez donc pas la moindre attention pour votre femme ! Vous êtes à cheval, pendant qu'elle marche !

Alors l'homme mit pied à terre.

– Femme, déclara-t-il, si nous devons croire ces gens, nous n'atteindrons jamais notre destination. Continuons comme bon nous semble.

Et ils reprirent leur voyage à pied, côte à côte, auprès de leur cheval.

Qui s'en soucie ?

En Inde, la plupart des familles gèrent leurs dépenses avec grand soin – elles n'ont pas le choix. Pourtant, lorsqu'il s'agit du mariage d'un enfant, elles font souvent des folies spectaculaires. Pour faire bonne impression, certaines contractent des emprunts qui dépassent largement leur revenu annuel. Cela se produit un peu partout dans le monde, mais les Indiens en ont fait un art. Après quoi, ils doivent payer la facture.

Pour faire des économies, on peut simplement n'inviter que ceux qui nous aiment et nous respectent ! Cela est valable aussi pour les anniversaires ou tout autre événement social. Cependant voici un meilleur conseil encore : si vous cherchez à atteindre la perfection à l'extérieur (aux yeux des autres), vous faites probablement fausse route. Vous n'avez pas le contrôle sur la perception que les autres ont de vous. Leurs sentiments changent, ils évoluent. Lorsque nous nous faisons confiance et que nous nous apprécions, nous considérons les opinions des autres sur nous-mêmes comme passagères – injustes ou exactes, parfois agréables, mais jamais d'une importance durable. Ce qui importe, c'est ce que l'on ressent pour soi.

Dans bien des cas, les personnes qui portent un jugement ne se soucient pas vraiment de nous, plus occupées à s'interroger sur ce que nous pensons d'elles, ainsi que le décrit la chroniqueuse américaine Ann Landers : « À vingt ans, on se soucie de ce que les autres pensent de nous. À quarante, on ne se soucie guère de ce que les autres pensent de nous. À soixante, on se rend compte qu'ils ne se sont jamais préoccupés de nous. »

Un jour que je parlais aux détenus d'une prison de Pune, en Inde, un prisonnier s'est levé :

– Je suis emprisonné pour de mauvaises raisons, je ne devrais pas être ici. Mais je vais bientôt être libéré et rentrer chez moi. Qu'est-ce qu'on va penser de moi, dans mon village ?

Le silence s'est installé dans la salle. Tous les détenus – et ils étaient plusieurs centaines dans la pièce – se sont tournés vers lui. La question touchait visiblement un point sensible. Puis ils se sont retournés vers moi, pour voir comment j'allais répondre.

J'ai demandé au prisonnier :

– Vous voulez vraiment le savoir ?

Il acquiesça.

– Je suis désolé de ce que je vais vous dire : ils n'ont pas pensé à vous. Ils ont leurs propres soucis. Vous vous demandez ce qu'ils pensent de vous ? La plupart sont préoccupés par tout autre chose. Vous croyez qu'ils sont restés les bras croisés à réfléchir à votre cas ? Eh bien, vous êtes peut-être important, mais pas à ce point. Les autres ont poursuivi leur chemin !

Les détenus semblèrent trouver cette perspective intéressante, peut-être parce que nous savons tous quelque part que les jugements des autres, finalement, ne sont pas si importants. C'est presque absurde : nous imaginons ce qui se passe dans leur tête, tout en sachant que ce n'est pas essentiel et qu'ils pensent probablement à autre chose ! On tourne en rond. Même si cela demande du temps et des efforts, la bonne solution est de mettre son énergie dans ce qu'on *peut* connaître : *qui* on est vraiment, au fond de son cœur. Tout le reste n'est que bruit.

Le bol de Bouddha

Vous avez le pouvoir de décider ce qui est bon pour vous. Quand vous êtes découragé, c'est que vous avez perdu de vue le courage qui sommeille en vous – pourtant il est bien là, et la possibilité vous est à tout moment offerte de le retrouver et de le ressentir.

Un jour, Bouddha se promenait avec un disciple. Tout le monde en ville le critiquait : « Il est nul. Il ne fait pas ci, il ne fait pas ça… »

Le disciple l'interrogea :

– Bouddha, ça ne te dérange pas que tous ces gens te critiquent ?

Bouddha attendit qu'ils soient tous deux rentrés chez eux, puis il prit son bol et le poussa vers le disciple.

– À qui est ce bol ? lui demanda-t-il.

– C'est ton bol, répondit le disciple.

Bouddha le rapprocha un peu plus de son disciple.

– À qui est ce bol ?

– C'est toujours le tien.

Et Bouddha continua à le rapprocher du jeune homme, qui répondait chaque fois :

– C'est ton bol, c'est ton bol.

Alors Bouddha prit le bol et le posa sur les genoux du disciple.

– À qui est ce bol ? demanda-t-il.

Le disciple répondit :
– C'est toujours le tien.
– Exactement ! conclut Bouddha. Si tu n'acceptes pas ce bol, il n'est pas à toi. Si je n'accepte pas la critique, elle ne m'appartient pas.

Pas de récriminations

Un jeune homme entre dans les ordres. Le premier matin, on lui explique :
– Dans ce lieu, nous avons une règle : garder le silence. Mais une fois par an, une seule, on vous demandera comment vous allez. Vous aurez le droit de répondre en deux mots, pas un de plus.
La première année passe, on lui demande :
– Comment allez-vous ?
Il répond :
– Trop froid.
Une autre année s'écoule.
– Comment ça va ?
– Lit dur.
Puis l'année suivante se termine.
– Comment ça va ?
– Trop silencieux.
Finalement, le supérieur vient le voir et lui dit :
– Vous êtes ici depuis trois ans, et vous n'avez fait que vous plaindre.

Tout ce dont nous avons besoin est en nous

Nous recherchons parfois l'approbation des autres, voire n'importe quelle source de diversion pour combler un sentiment de vide. Or personne d'autre que nous-mêmes ne peut remplir ce vide. Ce serait comme verser de l'eau dans un bol fendu. Nous devons nous accepter, ce qui signifie reconnaître les forces et les ressources formidables qui sont les nôtres. Nous devrions renoncer à nous soucier du jugement des autres, car tout ce qui nous est nécessaire se trouve déjà là.

La clarté, la joie, la sérénité, l'amour – tous ces sentiments positifs et d'autres encore sont en vous et attendent de s'épanouir (attention, toutes vos qualités en négatif aussi !). La lucidité est en vous, la confusion aussi. La joie est en vous, le désespoir aussi. La sérénité est en vous, le chaos aussi. L'amour est en vous, la haine également.

Les mauvais côtés ont tendance à se manifester, mais pourquoi ne pas faire l'effort de trouver les bons ? Les bons côtés découlent de votre paix intérieure, ils constituent une base solide et immuable au cœur de votre être. Encore faut-il savoir où trouver ce trésor.

> Un homme quitte son village et se rend en ville dans le but de gagner un peu d'argent. Il se débrouille et, au bout de quelques années d'absence, il décide qu'il est temps de retourner vers les siens. Le voilà en route pour un long voyage de retour, valises et sacs chargés de cadeaux. Très vite, un voleur le repère : « Il est clair que ce type a de l'argent. Sa bourse doit être bien garnie. » Il se dirige

vers l'homme, engage la conversation et lui demande sa destination.

– Je vais exactement dans la même direction que vous, voyageons ensemble, propose-t-il.

Ce soir-là, tous deux s'arrêtent dans une auberge. Pendant le dîner, le voyageur révèle à son compagnon de route qu'il a fait de bonnes affaires en ville et qu'il retourne maintenant dans son village construire une grande maison et subvenir aux besoins de sa famille. Le voleur est ravi d'entendre cela. Il trouve un prétexte pour se coucher tôt, et au lieu de regagner sa chambre, il se rend dans celle de l'homme. Il fouille ses sacs et ses tiroirs, mais ne trouve pas trace d'argent. Il retourne même sa literie, pas la moindre pièce de monnaie.

Le soir suivant, ils s'arrêtent dans un nouvel établissement.

– Vous avez vraiment gagné beaucoup d'argent, demande le voleur, et vous le rapportez chez vous pour construire une maison et prendre soin de votre famille, c'est bien cela ?

– Oui, dit l'homme, j'ai gagné beaucoup plus d'argent que prévu, et je suis vraiment ravi de pouvoir le rapporter pour construire un bel avenir à ma famille.

Une fois encore, le voleur se retire et va inspecter la chambre de l'homme. Encore rien.

Le soir suivant, dans une nouvelle auberge, les hommes dînent ensemble. Le voleur termine le repas en disant :

– Vous serez bientôt chez vous pour investir votre argent.

– C'est vrai, dit l'homme, et je m'en réjouis d'avance.

Sur ces mots, le voleur lui souhaite une bonne nuit et va une dernière fois, désespérément, passer la chambre de l'homme au peigne fin dans l'espoir de trouver sa bourse. Toujours rien.

Le lendemain matin, comme ils approchent du village de l'homme, le voleur n'y tient plus.

– Je dois vous avouer quelque chose, dit-il. Je suis un voleur, et quand vous m'avez dit que vous aviez tout cet argent, je mourais d'envie de le prendre. Chaque soir, j'ai fouillé votre chambre, regardant même à l'intérieur de vos bottes et sous votre oreiller. Je n'ai rien trouvé. Vous avez vraiment gagné tant d'argent que cela ?

– Bien sûr, répondit gaiement l'homme en sortant deux bourses bien pleines de ses poches, j'ai tout de suite compris que vous étiez un voleur. Alors, chaque soir, avant de dîner, je me glissais dans votre chambre et cachais ma fortune sous votre oreiller. Je savais que vous fouilleriez sous le mien, mais jamais sous le vôtre.

Pour trouver le trésor inestimable de la paix intérieure, regardez en vous. Aucun bazar ne le vend, aucun propriétaire foncier ne le détient, aucun gouvernement ne le réglemente, et personne ne peut vous le voler.

Nous sommes des experts de la perception du monde extérieur – nous voyons, sentons, goûtons, flairons, entendons –, mais savez-vous que nous sommes aussi capables de nous projeter dans notre monde intérieur ? Quelle est la texture, quelles sont les formes de votre monde intérieur ? Quelles images voyez-vous ? Quels goûts ont vos besoins et vos désirs ? Quelle est l'odeur de vos émotions ? Quel est le chant secret du *soi* en vous ? Vous entendez-vous distinctement ?

Quand j'étais enfant, nous nous amusions avec des livres de peinture par numéro : 1 signifiait rouge, 2 jaune, 3 bleu, et ainsi de suite. C'était amusant. Puis de nouveaux livres sont apparus où la peinture se trouvait déjà sur la page ; il suffisait de l'humidifier, et l'image apparaissait. C'était plus simple. Un jour, je me suis dit : pourquoi passer par tout ce processus ? J'ai pris le livre et l'ai trempé dans l'eau. Je l'ai ensuite laissé sécher, je l'ai rouvert, et toutes les pages étaient entièrement peintes. Mais elles ne représentaient plus rien : c'était devenu un barbouillage. Alors j'ai appris à dessiner et à peindre tout seul.

Un grand nombre de personnes vivent dans l'espoir qu'on leur fournisse un coloriage prêt à peindre. « Donnez-moi des carrés à colorier ou à imbiber d'eau, mais ne me demandez pas de créer quelque chose par moi-même. » Pourtant, il nous est donné de nous exprimer, de peindre de belles œuvres avec les qualités que nous portons en nous. Chaque nouveau jour qui se lève, le choix s'offre à nous d'être la version la plus belle de nous-mêmes.

Chaque nouveau jour qui se lève, le choix s'offre à nous d'être la version la plus belle de nous-mêmes. Peignez en dehors des cases. Peignez ce qui est dans votre cœur. Peignez la plus merveilleuse image de ce que vous êtes.

Peignez en dehors des cases. Peignez ce qui est dans votre cœur. Peignez la plus merveilleuse image de ce que vous êtes.

Des uns et des zéros

Un jour, il y a fort longtemps, j'ai pris la parole lors d'une conférence à Santa Cruz, en Californie, et nous avons terminé sur une séance de questions-réponses. Je me souviens d'une salle pleine ; une petite foule se tenait dehors, regardant par les portes vitrées et les fenêtres. À un certain moment, une femme – une enseignante de yoga – a levé la main.

– Que pensez-vous du yoga ? m'a-t-elle demandé.

J'ai peut-être mal interprété la situation, je pensais qu'elle s'attendait à ce que je lui dise : « Oh, le yoga ? Nous devrions tous en faire », ainsi aurait-elle eu davantage de prestige et de clients. Rétrospectivement, je me rends compte que ma réponse dut lui sembler absurde. Je lui ai répondu :

– Oh, le yoga ? C'est zéro.

– *Zéro* !

Elle était vraiment très fâchée. Ce n'était pas la réponse à laquelle elle s'attendait, et elle est sortie. Après son départ, j'ai expliqué ce que je voulais dire à ceux qui étaient encore dans la salle.

Voyez les choses ainsi : vous êtes un et le yoga est zéro. Si vous mettez le zéro devant le un, le un reste un, zéro reste zéro. Tandis que si vous placez le zéro après le un, alors vous obtenez dix. Ajoutez un autre zéro après le un, et vous obtenez cent.

J'étais assez content de ma réponse, dommage que la prof de yoga ne l'ait pas entendue !

Plaisanterie à part, le point important ici est le suivant : ce que nous plaçons avant nous-mêmes n'apporte rien de plus. Le travail, l'argent, les croyances, les besoins des autres, le yoga, tout cela doit venir *après*. C'est ce que nous plaçons après qui va démultiplier ce que nous sommes. Pas le contraire.

Avant tout, posons ce Un, sans quoi il n'y aura rien… que zéro. Et après ce Un, mettons tous les zéros.

Nous sommes sept milliards de Un dans le monde. Je suis un Un. Vous aussi. Et dans votre vie, tout commence par votre Un – vous.

Que choisirez-vous ?

Lorsque nous avons compris qui nous sommes vraiment, nous disposons d'un outil puissant. Il façonne nos vies et le monde qui nous entoure. Nous avons le choix entre la paix et le conflit, entre l'amour et la haine, entre la joie et la récrimination. Soit dit en passant, *ne pas choisir est aussi un choix.* Si vous choisissez de vous laisser porter par le fleuve de la vie, vous ne pourrez pas vous plaindre s'il vous entraîne dans des paysages que vous n'aimez pas.

Soyons conscients de ce qui se passe dans notre vie. Lorsque nous sommes en voiture ou à bicyclette sur le chemin de la maison, comment savons-nous que nous allons dans la bonne direction ? Parce que tout ce que nous voyons confirme notre position et notre orientation. Dans la vie, quels sont les repères qui jalonnent notre chemin ? Les voyons-nous distinctement ? Suis-je conscient de l'endroit où je suis aujourd'hui et de ce que je veux vivre ?

Est-il possible d'être conscient tout le temps ? Non, parce que vivre inconsciemment nous vient quasi naturellement : nous sommes très doués pour cela. Cependant, il faut aussi savoir que si nous nous efforçons d'être conscients, cela peut

Ne pas choisir est aussi un choix.

avoir un impact profond sur nous et sur les autres. À condition de toujours commencer par notre propre personne.

Nombreux sont ceux qui pensent qu'ils n'ont pas d'alternative, or il y en a toujours. Toujours. On peut se trouver dans une situation dramatique et avoir l'impression de ne plus avoir la moindre liberté, la moindre sécurité ou la moindre possibilité. Là encore, on peut choisir de se relier à la paix qui est en soi. Nous sommes seuls à pouvoir faire ce choix, personne ne peut le faire à notre place.

Avancer dans la vie ressemble à la conduite d'une voiture. Conduire, c'est trancher sans cesse : vers où se diriger, quelle vitesse passer, à quelle vitesse rouler, où s'arrêter, quelle musique écouter à la radio. Lorsque vous êtes au volant de votre vie, vos décisions ont des conséquences. En cas de mauvais choix, vous risquez de vous perdre, de tomber en panne, de caler ou même d'avoir un accident ! Faites de bons choix et vous pourrez aller où vous voulez et profiter de la route et du paysage.

Poussons un peu plus loin cette comparaison. Lorsque vous conduisez, si vous regardez constamment dans le rétroviseur, vous risquez de ne pas voir ce qui se présente devant vous. Si vous essayez tout le temps d'imaginer ce qui vous attend au prochain virage, vous risquez de ne pas voir ce qui se passe juste devant vous. Mieux vaut être dans le moment présent : voir clairement la route devant soi, réagir avec discernement et apprécier chaque kilomètre du trajet. Êtes-vous aux commandes de votre vie ?

Premiers pas

Commencer par soi-même, c'est choisir d'accepter le cadeau de la vie qui nous est fait à chaque instant, à notre disposition et à notre convenance. Commencer par soi-même, c'est choisir d'être à l'écoute de son cœur, loin du brouhaha des opinions, des besoins et des désirs des autres. Commencer par soi-même, c'est reconnaître en soi un monde de paix et de force, et savoir que les trésors inviolables du *soi* sont là chaque fois qu'on se tourne vers l'intérieur. Commencer par soi-même, c'est lorsqu'on ressent la soif de se connaître.

J'ai écrit sur l'écoute de mon cœur et l'émerveillement de la première rencontre avec le *soi* :

> Dans l'obscurité, tu m'as dit : « Apprends à regarder. »
> Au début j'étais perdu,
> mais maintenant je vois.
> Les mains vides, tu m'as dit : « Apprends à goûter. »
> Au début j'ai eu soif,
> mais maintenant j'ai bu.
> Immobile, tu m'as dit : « Apprends à toucher. »
> Au début j'étais engourdi,
> mais maintenant je ressens.
> En silence, tu m'as dit : « Apprends à écouter. »
> Au début j'étais sourd,
> et maintenant j'entends.

• Tout ce dont nous avons besoin est en nous – sentez l'incroyable éventail de ressources que vous possédez.

• Nous avons un énorme potentiel, et nous devons l'exprimer dans notre vie quotidienne. Vous êtes unique, personne ne vous ressemble, alors devenez la meilleure incarnation possible de vous-même.

• Nous avons toujours le choix : quelle que soit la situation dans laquelle vous vous trouvez, il y a toujours un choix possible.

P.-S. : qui est l'idiot ?

Impossible de résister à l'envie de conclure ce chapitre par une histoire du recueil de contes indiens *Le Radjah Akbar et son conseiller Birbal*, que je transpose ici dans ma propre version. Il illustre parfaitement la façon dont on peut perdre du temps à juger les autres, plutôt que de rester lucide sur soi-même.

L'empereur indien Akbar fit appeler son ministre préféré, Birbal, pour lui confier une mission :

– Birbal, va me trouver cinq idiots.

– Oui, Majesté, répondit Birbal.

Tout en se retirant, il pensait : « J'ai dit oui, comment vais-je faire ? Pourquoi ai-je accepté ? Ça ne va pas être facile ! »

Bien que Birbal fût l'homme le plus intelligent de la cour, il se demandait vraiment comment s'y prendre pour accomplir sa mission. Il laissa donc là tous ses autres devoirs et partit en quête dans les rues. Chemin faisant, comme il continuait à s'interroger, il aperçut un homme allongé sur le sol, qui agitait frénétiquement les jambes tout en tenant ses mains écartées l'une de l'autre.

– Que faites-vous ? lui demanda Birbal.

– Ma femme redécore notre maison. Elle a pris la mesure d'une fenêtre pour y accrocher un rideau et m'a demandé de me rendre au marché pour acheter exactement cette longueur de tissu, dit-il en désignant du menton l'écart entre ses deux mains. Et puis voilà que je suis tombé et que je me débats ici par terre sans pouvoir me servir de mes mains pour me relever.

« Je crois avoir trouvé le premier imbécile », se dit Birbal.

Une heure plus tard, il vit un homme monté sur un âne, tenant en équilibre sur la tête un énorme panier.

– Que faites-vous ? s'étonna Birbal.

– C'est que j'aime beaucoup mon âne, et je ne voudrais pas lui faire porter ce lourd fardeau, alors je le porte sur ma tête.

Birbal était ravi. Il avait trouvé un autre idiot.

Comme la nuit commençait à tomber, il aperçut, sous un lampadaire, un homme à quatre pattes en train de chercher quelque chose par terre.

– Que faites-vous là ? lui demanda Birbal.

– Cet après-midi, je pique-niquais avec mes amis dans la jungle à environ un kilomètre d'ici, et la bague que je portais est tombée, répondit l'homme.

– Ne devriez-vous pas plutôt chercher votre bague dans la jungle ? lui demanda Birbal.

– Êtes-vous fou ? lui répondit l'homme. Il n'y a pas de lumière dans la jungle à cette heure-ci, il fait tout noir !

Birbal se frotta les mains de joie.

Le lendemain, il emmena les trois hommes rencontrer l'empereur.

– Seigneur, j'ai trouvé vos idiots, lui dit-il.

Et il lui expliqua ce que chacun était en train de faire lorsqu'il les avait rencontrés.

– Birbal, je t'avais demandé *cinq* idiots, s'étonna l'empereur.

– Seigneur, le quatrième idiot, c'est moi, qui ai gâché toute ma journée d'hier à chercher des imbéciles, répondit Birbal.

– Et le cinquième ? interrogea l'empereur.

Birbal se contenta de sourire.

Même un empereur, s'il n'y prend garde, peut se comporter comme un idiot en voulant chercher des idiots… plutôt que des personnes talentueuses.

CHAPITRE 6

La gratitude

Quand je demande aux gens pour quoi ils sont reconnaissants dans la vie, ils répondent souvent « ma famille, mes amis, ma maison, mon travail. »

Je le comprends parfaitement – toutes ces choses sont bien sûr de magnifiques présents – mais je continue d'espérer qu'ils reconnaissent aussi le cadeau le plus important qu'ils ont reçu : la vie elle-même ! Sans cette gratitude, tout le reste est impossible. Et pourtant, combien ne s'en aperçoivent pas !

Ouvrir son cadeau

J'entends souvent déclarer : « Il faut vivre le moment présent ! » Pourtant, combien d'entre nous ressentent profondément cette vérité dans leur cœur ? Combien de fois par jour pensons-nous : « Je suis vivant, merci ! » Est-ce la première pensée qui nous vient à l'esprit le matin, ou bien notre esprit nous porte-t-il plutôt vers : « Quelle heure est-il ? Qu'est-ce que j'ai à faire aujourd'hui ? Où est le dentifrice ? Vite, mon café ! » Le bruit. Du bruit. Du bruit. Quand nous sommes branchés sur le bruit, nous n'entendons plus rien d'autre et nous ne nous entendons plus nous-mêmes.

Le cadeau de la vie mérite d'être déballé avec délicatesse et précieusement gardé. Mais le temps est compté, et il y a une date limite d'utilisation, alors dépêchons-nous d'enlever le papier d'emballage ! Nos cœurs seront pleins de gratitude lorsque nous verrons enfin, dans une parfaite lucidité, les opportunités que nous offre chaque instant.

La gratitude en moi ressemble à un doux murmure : « Je suis vivant et suis conscient de l'être. » Je sens une force vitale inouïe me traverser. À cet instant, l'immense énergie qui anime l'univers entier m'anime aussi. Mes globules rouges acheminent l'oxygène de ma respiration vers mes organes vitaux. Tous ces électrons, tous ces protons et tous ces neutrons, je les ai en moi et ils m'entourent. Chaque respiration dynamise mon existence, donne vie à mon être sur cette miraculeuse planète, riche de tous les possibles. Un être humain est une combinaison brillamment conçue de mécanismes et de dispositifs complexes, une véritable merveille de la nature. Alors, quel meilleur cadeau pouvons-nous nous faire que d'apprécier l'étonnante création que nous sommes, et de vivre pleinement chaque instant ?

Dans sa forme la plus pure et la plus puissante, ma reconnaissance pour la vie va à ce présent lui-même, non pour ce qu'il me permet d'accomplir, mais simplement pour le ressenti d'être en vie en ce monde et en ce moment même. Ce chant de gratitude se fait entendre en moi lorsque je voyage du monde extérieur vers mon monde intérieur.

Nous sommes des milliards à peupler la surface de la Terre, et chacun est unique dans sa façon de ressentir les bienfaits reçus. Chacun peut chanter à sa façon. L'un choisira un chant sur ce qu'il ressent quand il se sent exister, l'autre sur ce qu'il éprouve quand il est heureux ou encore quand il est joyeux. Certains ignorent le cadeau qu'on leur a fait, d'autres le célèbrent. Et vous ?

Un ressenti, pas une pensée

Éprouver de la reconnaissance ne se décrète pas. On peut se sentir comblé, mais on ne peut pas décider d'être comblé. On peut se sentir reconnaissant, mais on ne peut pas décider de l'être. Il ne s'agit pas de *penser* que nous avons de la chance, mais de le *ressentir.*

La gratitude n'est pas non plus une question de bonnes manières. Certes, nous sommes souvent incités à remercier pour ce qu'on nous offre (les enfants en font l'expérience à longueur de temps), mais la reconnaissance vient de l'intérieur.

Quel est le bon moment pour commencer à ressentir de la gratitude envers notre vie ? Maintenant. Il n'est pas besoin d'attendre une cérémonie, l'alignement des planètes ou une crise émotionnelle. Tournons juste notre attention vers l'intérieur et apprécions ce qui nous est donné. Dans ce moment parfait, toutes les diversions disparaissent. C'est comme si nous avions enfin atteint notre destination, mais, loin d'être une fin, c'est un commencement. La gratitude est *le* point de rencontre entre le passé et le présent : elle est célébration de l'instant présent.

Nous sommes des êtres accomplis

La gratitude procède de ce qui est, et non de ce qui pourrait ou devrait être. Il est inutile d'attendre des succès extérieurs pour exprimer notre reconnaissance à l'égard de ce que la vie nous a offert. Même si notre imagination et notre enthousiasme peuvent accomplir de grandes choses dans le monde qui nous entoure (pour nous et pour les autres), nous n'avons nul besoin de faire des prouesses pour nous réaliser, car nous sommes déjà accomplis.

Accepter, vivre et apprécier les choses telles qu'elles sont est un choix. Tout est entre nos mains. Lorsque nous apprécions vraiment ce qui se présente, notre reconnaissance ne peut être qu'infinie. Notre satisfaction n'est pas mesurable. Notre joie n'est pas mesurable. Notre amour n'est pas mesurable. Notre compréhension n'est pas mesurable, pas plus que notre bonheur et notre paix intérieure. Ces sentiments sont infinis et sans forme, bien qu'ils soient parfaitement réels pour nous.

Quand on place son attention sur son souffle, on est dans la réalité. Quand on se connecte totalement avec sa paix intérieure, on est dans la réalité. Tout cela ne peut arriver que dans l'ici et maintenant. Quel est le bon karma du moment présent ? Le bon karma pour le moment présent est la joie, la conscience, la gratitude.

Au-delà de la souffrance, au-delà des succès

On me demande souvent : « Faut-il aussi rendre grâce pour les malheurs et les problèmes qui surviennent ? »

Non, pourtant ces émotions négatives nous renvoient à quelque chose de positif qui les dépasse : la vie elle-même. Sans la vie, nous ne pourrions ressentir ni le bien ni le mal. Sans la vie, nous ne pourrions ni nous mettre en colère ni souffrir. Sans la vie, nous n'aurions pas l'occasion de voir les périodes éprouvantes se transformer en jours heureux.

Un roi, son ministre et son chevalier partent en mission secrète vers un royaume voisin. En chemin, le roi se blesse au pouce en coupant une pomme et saigne abondamment. Le chevalier panse la blessure, puis ils continuent leur route. Le roi, contrarié, s'interroge en boucle : « Pourquoi une telle mésaventure m'est-elle arrivée ? » Plusieurs kilomètres plus loin, il se tourne vers son ministre et l'interroge :

– Pourquoi me suis-je coupé ?

– Seigneur, à toute chose malheur est bon, lui répond le ministre.

Le roi trouve la réponse malvenue, d'autant que son pouce l'élance terriblement. Il se dit : « Donnons-lui une leçon. »

Il mande son chevalier et lui ordonne de chercher un fossé suffisamment profond pour y jeter le ministre.

Le chevalier suit les ordres de son roi. Le ministre se débat furieusement et, dans la bagarre, il mord l'oreille du chevalier.

– Pourquoi me faites-vous cela ? s'écrie le ministre.

– À toute chose malheur est bon, réplique le roi.

Le roi et son chevalier laissent le ministre dans le fossé et cheminent pendant des heures jusqu'à l'orée d'une forêt où ils trouvent un étrange village. Avant d'avoir eu le temps de comprendre ce qui leur arrive, ils se retrouvent entourés de villageois irrités par leur intrusion.

Le châtiment pour y être entrés sans y avoir été invités est la mort par sacrifice rituel. Les villageois décident de tuer le roi en premier. Ils l'attachent et commencent à allumer un feu.

Le roi crie :

– Sauvez-moi ! Arrêtez !

L'homme chargé de la cérémonie, en train de procéder aux ultimes préparatifs, se tourne soudain vers le chef du village.

– Nous ne pouvons pas sacrifier cet homme !

– Pourquoi ? demande le chef.

– Ceux que nous sacrifions doivent être parfaits, et regardez cela !

Sur ces mots, il brandit le pouce bandé du roi.

Les villageois grognent, puis se tournent vers le chevalier qu'ils attachent à son tour. Le maître de cérémonie procède à nouveau aux préparatifs mais, cette fois-ci, il remarque l'oreille ensanglantée du chevalier.

– Nous ne pouvons pas non plus sacrifier celui-ci !

Et une fois de plus, il dénoue les cordes.

Le chef et les villageois sont furieux. Tout le monde se met à crier et à se quereller. Le roi et son chevalier profitent de la confusion pour s'éclipser. De retour dans la forêt, ils vont jusqu'au fossé dans lequel se trouve le ministre.

– Sortez-le de là ! ordonne le roi au chevalier.

Puis, au ministre :

– Je suis désolé de vous avoir fait jeter dans ce trou. Ma blessure m'a sauvé la vie.

Et le roi de lui raconter l'épisode des cruels villageois, et la façon dont le chevalier et lui ont échappé à la mort.

– Je suis tellement heureux que vous m'ayez jeté dans ce fossé ! répond le ministre. Parce que, n'ayant aucune blessure, j'aurais été sacrifié à votre place !

Cette histoire rappelle que des lueurs d'espoir percent à travers les nuages noirs de la vie. Il n'est pas question de minimiser l'impact de nos épreuves. Je remarque simplement qu'au-delà des difficultés que nous pouvons traverser, quelque chose d'autre nous attend toujours. Il en va de même pour le plaisir. Tout change. Il nous arrive de souffrir, mais la souffrance ne nous définit pas. On peut vivre de grandes réussites, mais les réussites ne nous définissent pas non plus. Le bonheur et la souffrance traversent notre vie ; la paix, elle, est constante.

La douleur physique, la souffrance psychologique ou émotionnelle ont beau nous submerger, quelque chose de beau toujours s'accomplit dans notre cœur. Il est sans doute difficile d'éprouver la paix lorsqu'on vit une grande épreuve, mais tournons alors le regard vers notre monde intérieur, il nous rappellera tendrement que, de l'autre côté de la douleur, un peu de douceur, parfois de joie, nous attend.

Il est sans doute difficile d'éprouver la paix lorsqu'on vit une grande épreuve, mais tournons alors le regard vers notre monde intérieur, il nous rappellera tendrement que, de l'autre côté de la douleur, un peu de douceur, parfois de joie, nous attend.

Voici quelques mots à ce sujet attribués à Socrate :

> Si l'on n'obtient pas ce que l'on veut, on souffre ; si l'on obtient ce qu'on ne souhaite pas, on souffre ; même lorsqu'on obtient exactement ce que l'on veut, on souffre encore parce qu'on ne peut le retenir pour toujours. Notre esprit nous met dans une impasse. Il veut être affranchi du changement, de la douleur, des servitudes de la vie et de la mort. Mais le changement est la loi, et aucune parade ne changera cette réalité…

Le nuage le plus sombre

Comme tout le monde, j'ai de bons et de mauvais jours. Après une journée terrible, je veux pouvoir me tourner vers moi-même et me dire : « Je suis reconnaissant d'être en vie. » Après une journée formidable, je veux pouvoir rentrer en moi et me dire : « Je suis reconnaissant d'être en vie. » Ni les ennuis ni les joies ne doivent nous faire occulter l'essentiel. Ni les ennuis ni le bonheur ne doivent nous distraire de la paix qui règne dans notre cœur.

Le nuage le plus sombre qui ait jamais flotté sur ma vie est apparu alors que je me préparais à prendre la parole lors d'une conférence en Argentine. Je reçus un appel téléphonique : ma femme, Marolyn, avait été transportée d'urgence à l'hôpital. Elle se trouvait dans un hôtel de San Diego avec notre plus jeune fils : ils avaient commandé une pizza au service en chambre ; au moment où Marolyn s'était penchée pour ouvrir la porte, elle avait brusquement perdu connaissance. Le lendemain, à l'hôpital, les médecins lui avaient fait une ponction dans la colonne vertébrale. Il y avait du sang. Le diagnostic était grave : anévrisme cérébral. Une issue fatale n'était pas à exclure.

Je reposai le combiné et regardai autour de moi. J'étais à des milliers de kilomètres. Ce soir-là, je devais m'adresser à un large auditoire, certains attendaient depuis des années ma venue dans leur ville. Je luttais pour contenir l'émotion qui me submergeait.

Je décidai de m'asseoir et de me relier tranquillement à mon être profond. Ce faisant, je ressentis le poids des terribles événements qui étaient en train de se dérouler à des kilomètres de là, mais je ressentais en même temps la paix : une grande sérénité s'installa en moi, ainsi qu'une vision claire des choses. Je pris des dispositions pour que nous puissions repartir sitôt la fin de mon intervention.

C'est grâce à l'équilibre que j'ai trouvé entre le bon et le pire que j'ai pu garder le cap. Je rejoignis le lieu de la conférence et parlai devant un public nombreux, après quoi je partis aussitôt pour l'aéroport. Ce vol de nuit était surréaliste. Mon esprit s'emballait en pensant à toutes les conséquences potentielles de la situation de Marolyn, tandis qu'une autre partie de moi voyait clairement ce que je devais faire.

Je me rendis directement à l'hôpital. Marolyn était réveillée. D'après les médecins, il était vital qu'elle soit opérée. L'intervention allait être complexe. Je m'installai dans un hôtel tout proche. Pendant un peu plus d'un mois, je fis quotidiennement l'aller-retour entre l'hôpital et l'hôtel. Devant certaines nouvelles, je devais faire contre mauvaise fortune bon cœur, mais je ressentais aussi la force tranquille que des années de pratique avaient déposée en moi. Ce qui signifiait que, grâce à cet état d'esprit, je pouvais aider Marolyn et mes enfants.

Toute la famille traversait des affres de souffrance, mais jamais nous ne nous sommes départis de notre état de gratitude envers la vie. Nous n'étions pas reconnaissants de cet événement dramatique, pourtant la reconnaissance ne nous avait pas quittés : elle était une lumière dans l'obscurité, une lumière qui permettait d'avoir une vision complète, et pas seulement sombre, de la situation. Et puis Marolyn commença à se rétablir. Lentement, très lentement. Jusqu'au jour où elle rentra à la maison. Nous avons continué à prendre soin d'elle.

Ce qu'elle a traversé est maintenant insoupçonnable. Notre capacité à guérir – physiquement, mentalement, émotionnellement – est tout simplement extraordinaire.

La rivière de paix

Je vois la paix intérieure comme une rivière qui coule en nous. Nous avons parfois l'impression de vivre sur un sol aride où rien ne pousse. Sans texture, sans couleur, sans refuge. Puis un infime ruisselet de paix jaillit de la terre sèche et commence à s'écouler sur le sol craquelé, jusqu'aux lits asséchés des rivières.

À mesure que l'eau se répand dans la vallée, des changements se produisent. Des graminées poussent sur la rive, les graines endormies germent et fleurissent. Des insectes apparaissent et se nourrissent d'herbe et de feuilles. Les plus gros veulent manger les petits, attirant les oiseaux en quête de nourriture. Ces derniers apportent toutes sortes de graines, qui tombent sur la terre désormais fertile.

Puis viennent les arbres avec une variété de feuilles aux formes inimaginables et aux branches lourdes de fruits mûrs, c'est une explosion de couleurs. Le tout forme un tableau flamboyant d'un bout à l'autre de l'horizon. Enfin le bruissement des insectes et le chant des oiseaux emplissent l'air d'une musique harmonieuse, de doux parfums flottent. Tout est invitation à venir se joindre joyeusement à la fête de la création.

Si l'évolution de chaque plante et de chaque créature est unique, toutes ont besoin d'eau pour survivre. La paix, c'est l'eau qui permet à la vie de s'épanouir. Je remercie la paix qui irrigue ma vie, je remercie l'existence dont je bénéficie, je remercie toutes les couleurs et les formes de vie qui s'épanouissent pour moi chaque fois que je me relie à moi-même.

Quand est-on pleinement satisfait ?

J'aime la bonne cuisine, les lieux étonnants, les technologies innovantes et le reste, tout autant que quiconque. Si vous avez la chance d'être relativement nanti, ce monde offre d'incroyables opportunités. Le problème se pose lorsque nous collectionnons et possédons des choses que nous n'apprécions pas.

Le meilleur antidote à la cupidité est d'apprécier ce que l'on a. Quand nous apprécions vraiment quelque chose, nous voulons le partager. Le contraire est de convoiter quelque chose et de le garder pour soi.

Ainsi, l'avidité est le sentiment d'un bonheur qui reste incomplet tant que nous n'en obtenons pas davantage ; en revanche, lorsque nous apprécions ce que nous avons déjà, nous nous rapprochons d'un sentiment de plénitude. Dès que nous nous connectons pleinement à ce sentiment de gratitude, l'avidité prend fin.

Nous devons être honnêtes avec nous-mêmes et reconnaître ce que nous privilégions vraiment chaque jour. Apprécier notre vie fait-il partie de notre liste de priorités, ou cela passe-t-il sans cesse après autre chose ? Les relations, le foyer, la carrière, les vacances, les événements, les passe-temps, la technologie méritent-ils vraiment d'être plus importants que la sensation du don de la vie ? Nous nous devons de donner la primauté à la conscience de la grâce qui nous est faite. À quoi ressemblerait notre vie si nous la placions tout en haut de notre liste, jour après jour ? Cela ne changerait-il pas totalement notre façon d'être et d'agir ?

Je vois des personnes approcher de la fin de leur vie, qui le savent, et qui continuent pourtant de placer des futilités en haut de leur liste de priorités. Où est passée la jouissance sincère et profonde des précieux jours qui illuminent leur vie ? Avons-nous vraiment de plus grandes priorités que ce bonheur-là ? Plus notre esprit cherche son contentement dans le monde, plus nous nous éloignons du sentiment de plénitude. À ce propos, nous pouvons méditer ce vers du poète Kabîr :

> Je ris quand j'entends dire que le poisson qui vit dans l'eau a soif.

Quand nous sommes poussés par la cupidité, nous ressemblons à ce poisson qui, nageant dans l'eau, a soif. De l'eau, il y en a partout, et pas une goutte à boire. Nous avons tout ce qu'il nous faut, mais nous ne savons pas l'apprécier. La gratitude pour tout ce qui est à notre disposition étanche notre soif.

Vous considérez-vous comme une personne accomplie ?

Tout en ce monde est passager et peut disparaître en un instant. Ce qui compte, c'est ce que vous vous sentez être ici et maintenant. Vous sentez-vous comblé ? Vous seul pouvez en décider. Avez-vous le sentiment d'avoir réussi ? Que vous dévoile votre réponse sur votre connexion avec vous-même ?

Combien de millions de personnes se donnent un mal fou toute leur existence pour entendre quelqu'un leur dire : « Vous avez réussi » ? Savez-vous combien de millions de personnes rêvent d'atteindre une frontière arbitraire, tracée par quelqu'un d'autre, qui décrète : « La réussite, c'est ça » ?

Est-ce cela la vie, ou y a-t-il quelque chose de plus ? Il existe un monde intérieur et, dans ce monde-là, nul besoin de vous battre pour connaître ce que les autres appellent « la réussite ». Vous pouvez simplement la trouver en vous. Pourquoi se battre pour mériter la gloire ? Vous n'avez nul besoin de vous efforcer de gagner le respect des autres, il vous suffit d'apprécier la personne que vous êtes. Ne vous occupez pas de peser et de mesurer vos biens, prenez plutôt le temps de déballer le précieux cadeau de votre vie.

Désirs et besoins

Nous n'opérons pas toujours la distinction entre nos besoins et nos désirs, et cela est peut-être l'une des raisons de notre perplexité.

L'air : trois minutes sans respirer, et nous sommes morts.

L'eau, la nourriture, le sommeil : des besoins vitaux.

Les frites : une envie.

Aller voir ce nouveau film incontournable : une envie.

Acheter cette voiture dernier cri : une envie, un désir.

Etc.

Il n'y a rien de mal à éprouver des désirs ou des envies. Ils ajoutent du plaisir à la vie, ils font circuler l'argent, créent des emplois. Ce que vous aimez aujourd'hui, vous ne l'aimerez peut-être plus demain. C'est la nature même du désir. Si le désir ne change pas, il est vain. Il fluctue constamment. Vous achetez une nouvelle télévision et, le temps que vous la branchiez et que vous l'allumiez, vous voyez déjà une publicité pour une nouvelle télévision… et c'est celle-là que vous désirez alors. Vous allez au restaurant avec un ami ; vous lisez le menu et, après mûre réflexion, vous commandez. Quand les plats arrivent, vous regardez celui de votre ami et c'est celui-là qui vous fait envie. Ainsi est le désir : jamais satisfait !

On finit alors par accorder une grande attention à ses désirs tout en oubliant ses besoins. Ce n'est pas surprenant : la puissante industrie de consommation ne cesse d'inventer des objets et de nous faire rêver de les posséder.

Connaissez-vous ce proverbe : « La familiarité engendre le mépris » ? Il peut en effet nous arriver de sous-estimer ceux avec lesquels nous passons le plus de temps. Il en va souvent de même pour l'essentiel dans notre vie. Combien d'entre nous, ce matin, ont exprimé dès leur réveil leur gratitude à l'air qu'ils respirent, à la nourriture qu'ils vont consommer dans la journée, à l'eau qu'ils vont boire, à la chaleur qui les enveloppe, au sommeil qu'ils viennent de goûter ?

Je suis impressionné par ceux qui manifestent suffisamment de détermination et de dynamisme pour améliorer leur vie matérielle et celle de leur famille, surtout dans les pays où les conditions économiques sont difficiles. Cependant, où que l'on soit, il est bon de garder la mesure. Le secret est d'améliorer son sort sans perdre le contact avec la pure merveille qu'est la vie. La richesse du monde peut parfois satisfaire nos désirs, mais nos besoins ne sont finalement comblés que par la richesse de notre cœur.

La paix intérieure est-elle un désir ou un besoin ? C'est à chacun de nous de décider si le fait de se sentir relié à la paix est une envie ou une nécessité. En ce qui me concerne, je sais qu'elle correspond à un besoin profond. Ce n'est pas quelque chose que je cherche à activer ou à désactiver, comme l'air conditionné. C'est l'air dont j'ai besoin pour vivre. Personne ne se dit : « Je n'ai pas besoin de respirer entre neuf heures du soir et six heures du matin. »

La paix doit danser en nous sans discontinuer, et pas seulement lorsque nous nous asseyons pour nous concentrer sur elle. Sans elle, tout ce que nous essayons de faire pour nous combler ne donnera rien ; avec elle, nous disposons de ce qui est vital pour notre bien-être. Le but est de s'épanouir, pas de survivre.

Mon sentiment est que si la paix intérieure n'est qu'une idée dans votre vie – quelque chose que vous activez et désactivez selon les circonstances –, vous êtes non pas dans la connaissance, mais probablement bloqués dans la croyance. Certains ont du mal à concevoir la paix comme un besoin.

Il suffit d'un instant pour reconnaître le trésor qui est en nous : *le sentiment de gratitude n'est qu'à un battement de cœur.*

Qui est satisfait ?

Lorsque nous ne sommes pas reliés à la paix intérieure, notre esprit peut nous entraîner dans de longs voyages loin de nous-mêmes : à nos yeux, rien ne va dans notre vie, nous fantasmons sur la vie des autres et cessons de voir les bonheurs dans la nôtre.

Quand un tel phénomène se produit, nous finissons par nous noyer dans un océan d'attentes. Chaque attente entraîne une plus grande déception, chaque déception génère à son tour une plus grande attente, et ainsi de suite. Pour reprendre les mots de Kabîr : « La vache ne donne plus de lait, pourtant vous attendez du beurre. » Il ne sert à rien de nourrir des attentes envers ce qui est incapable de les satisfaire.

Benjamin Franklin, ce génie américain, a écrit un jour : « Qui est sage ? Celui qui apprend auprès de tous. Qui est puissant ? Celui qui contrôle ses passions. Qui est riche ? Celui qui est satisfait. Qui est-ce ? Personne. » Quel commentaire ironique sur la condition humaine ! Mais même si ce « Personne » me fait sourire, je ne suis pas d'accord avec Franklin, car lorsque nous faisons de notre *soi* le centre de notre vie, nous éprouvons un sentiment de vraie réussite, de plénitude, un sentiment d'accomplissement, et nous ressentons un profond bien-être. C'est nous tous. Et cela commence par la gratitude vis-à-vis de ce que nous possédons.

Il était une fois un homme qui exerçait le métier de tailleur de pierre. Tous les jours, il se rendait dans la montagne, extrayait des roches et les rapportait chez lui. Dans son atelier, il confectionnait de petites idoles, des bols et autres objets, et c'est ainsi qu'il gagnait sa vie.

Il était malheureux parce que cela lui demandait des efforts considérables d'aller dans la montagne, de tailler le rocher, puis de rapporter ces pierres chez lui. Pendant son travail, la poussière volait partout, et sa vie dépendait des riches qui achetaient, ou pas, ses statues. Il se sentait sans aucun pouvoir, d'où son insatisfaction.

Un jour, il passa devant la maison d'un homme aisé ; une fête battait son plein et les invités ripaillaient. Il se dit : « Je veux une vie facile au lieu de m'évertuer à tailler la pierre ! » Il leva les yeux et pria :

– Dieu, s'il te plaît, j'aimerais être comme eux.

Ce jour-là, Dieu était à l'écoute. (Comme vous l'avez peut-être remarqué, Il n'écoute pas toujours, le tailleur de pierre avait de la chance.) Et hop ! D'un seul coup, il fut transformé en riche propriétaire d'une vaste demeure, avec tout ce qui va avec.

Il se dit : « Ça y est ! Les gens s'inclinent devant moi, me respectent, attendent mes ordres. » Il était très heureux.

Un jour, par hasard, le roi passait par là. Les notables se tenaient sur le bord de la route pour lui rendre hommage, et tous tremblaient en entendant son nom. Le nouvel homme riche se dit : « Waouh, c'est cela le véritable pouvoir ! » Il était heureux jusque-là mais, désirant davantage encore, il dit :

– Dieu, je veux être le roi !

Ce jour-là, à nouveau, Dieu était à l'écoute. Ainsi l'homme, qui de tailleur de pierre était devenu un homme riche, devint roi.

Un matin d'été, l'homme qui était devenu roi sortit sur sa véranda. Le soleil brillait, et il vit que tous les gens à la ronde essayaient de se protéger de ses puissants rayons. « Ainsi, se dit-il, ce soleil est plus puissant que moi ! Tout le monde respecte le soleil. » Et ce jour-là aussi, Dieu était à l'écoute quand l'homme lui demanda :

– Dieu, je veux être le soleil.

L'instant d'après, il était là, brillant dans le ciel. « C'est mieux comme ça, se dit-il. Tout le monde est en dessous de moi, je contrôle la vie de tout le monde. Sans moi, tout le monde vit dans le noir et personne ne voit rien. Tous se lèvent quand je me lève et s'endorment quand je m'endors. Que la vie est belle ! »

Chaque jour, l'homme devenu soleil brillait et jouissait de sa puissance. Jusqu'au moment où un énorme nuage se posa au-dessus de son ancien royaume. Il s'efforça de briller à travers le nuage, en vain. « Hum, se dit-il, se pourrait-il que ce nuage soit plus puissant que moi ? »

– Seigneur, je veux être le nuage.

Et il fut exaucé et devint un énorme nuage dans le ciel. « Maintenant, pensa-t-il, je possède le plus grand des pouvoirs : je peux cacher le soleil. » Tout à coup, à son grand étonnement, il se mit à bouger. « Que se passe-t-il ? Qu'est-ce qui me fait bouger ? » se demanda-t-il. Et il se rendit compte que c'était le vent. « Le vent est plus puissant que moi ? Cela n'est pas tolérable. »

– Seigneur, je veux être le vent.

Ainsi devint-il le vent. Il soufflait et soufflait, se délectant de son pouvoir. Et puis un jour, alors qu'il soufflait tant et plus, il se trouva incapable de faire bouger quoi que ce fût : « Mais qui donc peut être plus puissant que le vent ? » s'interrogea-t-il. C'était la plus grande montagne qu'il ait jamais vue, qui formait un obstacle infranchissable à la force du vent.

– Dieu, transforme-moi en montagne, pria-t-il.

Boum ! Et il devint la montagne. « Maintenant, je suis vraiment ce qu'il y a de plus puissant au monde, pensa-t-il. Le vent peut déplacer le nuage, lequel peut cacher le soleil, qui est plus puissant que le roi, qui est plus puissant que l'homme riche, qui est plus puissant que le tailleur de pierre. Mais le vent ne peut pas déplacer les montagnes, et je suis devenu la plus grande des montagnes. Et voilà ! »

Il nageait dans le bonheur, jusqu'au jour où il entendit résonner des coups. C'était comme si quelqu'un était en train de tailler dans son corps. « Qui est si puissant qu'il puisse entailler la montagne ? se demanda-t-il. Ce doit être la personne la plus puissante sur terre. »

Il regarda à ses pieds, et vit un tailleur de pierre.

CHAPITRE 7

Dans les moments difficiles

Un homme se rend chez son médecin :

– Docteur, j'ai mal partout.

– Que voulez-vous dire par « j'ai mal partout » ? lui demande le médecin.

– Quand je me touche ici, ça me fait mal ; quand je me touche là, ça me fait mal ; quand je me touche ailleurs, ça me fait mal. J'ai mal partout dans mon corps.

– Je sais ce qui ne va pas, lui répond le médecin. Vous avez le doigt cassé.

Lorsque la vie devient douloureuse, tout fait souffrir. Les heures difficiles jettent une lumière sombre sur tout ce qui vous entoure. Un magnifique coucher de soleil, une fête en compagnie de fidèles amis, un dîner dans votre restaurant préféré : ce qui devrait être source de plaisir peut alors devenir un rappel de tout ce qui ne fonctionne pas dans votre vie. Tout fait mal.

Je connais ce sentiment. Je sais qu'il n'y a pas de réponses simples quand l'existence devient difficile. À certains moments, nous avons le sentiment d'aller de l'avant ; à d'autres, nous avons l'impression de reculer. Certains jours sont légers, d'autres plus pénibles, voire redoutables. Comme dit le vieux dicton : « La douleur est inévitable, la souffrance est facultative. »

Pour ma part, je pense utile de faire une distinction entre les épreuves de la vie et les coups durs. La vie peut en effet nous réserver des moments pénibles. Les épreuves que nous rencontrons ne sont pas toujours faciles à résoudre mais, au fond de nous, nous pressentons que nous pourrons y remédier et que notre situation va changer. Alors que les coups durs nous donnent l'impression que la situation est sans espoir et qu'il n'y a pas grand-chose à faire, aucun remède à y apporter. Ils entament notre courage, et nous avons alors l'impression que des émotions telles que la peur, la déception, le regret et la tristesse prennent le dessus dans notre existence.

Il est vrai que, parfois, il n'y a vraiment rien à faire pour changer la situation. Certaines circonstances échappent à notre contrôle, il nous faut être réalistes sur ce point. Mais nous avons toujours le choix quant à notre réaction. *Les coups durs semblent nous éloigner de notre lucidité et de notre sagesse, mais celles-ci sont toujours présentes en nous.* Il nous suffit de nous rappeler que nous avons le choix de nous relier à nos forces intérieures pour amorcer une transformation radicale de notre état.

Certaines circonstances échappent à notre contrôle, il nous faut être réalistes sur ce point. Mais nous avons toujours le choix quant à notre réaction. Les coups durs semblent nous éloigner de notre lucidité et de notre sagesse, mais celles-ci sont toujours présentes en nous.

Lorsque nous traversons les épreuves de la vie, deux réalités coexistent : le mal qui affecte temporairement notre mental et le bien qui habite à jamais notre cœur. Si nous le voulons, nous avons toujours la possibilité de nous relier au bien qui est en nous, même lorsque les coups du sort les plus cruels nous atteignent.

Vous avez entendu la nouvelle ?

Grâce à la télévision et à d'autres équipements, la quantité d'informations auxquelles nous pouvons désormais avoir accès est ahurissante. Cependant, elles nous exposent aussi à connaître des faits anxiogènes qui se produisent autour de nous et au-delà.

Une histoire, parce qu'elle est étrange, devient une nouvelle. Et si nous continuons à consommer toutes ces informations négatives, notre sens de la réalité peut s'en trouver déformé, tronqué. La Terre paraît devenir un lieu de plus en plus dangereux et les hommes sembler presque tous mauvais.

Aujourd'hui, des événements tragiques se produisent chaque jour, chaque minute dans le monde, mais absorber toutes les mauvaises nouvelles et se tordre les mains de désespoir n'aide personne et ne rend pas heureux. Nous avons au contraire la possibilité de consacrer notre énergie à faire preuve d'empathie à l'égard des personnes touchées par de terribles événements et à prendre des mesures directes pour les aider, dans la mesure du possible. Nous sommes libres, également, de nous interroger sur le rôle que nous pouvons jouer, éventuellement, dans cette situation.

Nous ne devons pas oublier qu'il y a beaucoup plus d'amour, de compassion et de générosité dans ce monde que de haine, ce dont les actualités ne nous parlent presque jamais.

Si vous doutez encore que l'espèce humaine ait la capacité de faire le bien, alors c'est que vous traversez une mauvaise passe. Voici une suggestion : donnez-vous la peine de scruter en vous-même et trouvez-y le bien – qui existe – avant de jauger le bien ou le mal qui se trouvent chez les autres. Trouvez les forces intérieures qui sommeillent en vous. Trouvez l'amour en vous. Aussi loin qu'on se soit éloigné du point de départ qu'est la paix, on a toujours la possibilité d'y revenir. Un champ abandonné a toujours le potentiel de se transformer en un beau jardin. La paix *est* possible.

La mort de nos proches

Le décès d'un être cher est l'une des plus grandes épreuves que la vie nous inflige. Cet événement peut nous laisser avec une foule de questions sans réponses et un profond sentiment de vide, de stupeur, de colère et de confusion.

Chaque personne est unique dans sa façon de ressentir la douleur. Nous passons par les étapes du deuil, parfois plusieurs fois par chacune d'entre elles, au fur et à mesure que notre esprit et notre cœur se remettent d'aplomb. J'ai vu des personnes traverser une période de deuil et en ressortir exactement comme elles étaient auparavant, tandis que d'autres en reviennent profondément transformées.

J'ai également connu des personnes qui sont restées anéanties sur le plan émotionnel pendant de nombreuses années.

Je n'ai pas de remède miracle. Selon ma propre expérience, après l'apaisement du premier chagrin, j'ai cherché à comprendre comment ma relation avec la personne disparue avait changé – non pas cessé, mais *changé*. Il faut du temps pour comprendre que l'être aimé a *physiquement* quitté son corps. Mais s'il n'est plus dans son corps, il doit bien être quelque part, ailleurs. Où ? Là où il sera toujours : avec vous, dans votre cœur.

La mémoire ne peut remplacer une personne : l'odeur de sa peau, le chant de sa voix, ses yeux qui sourient, sa chaleur par une nuit froide. Le meilleur de l'être aimé vit dans les souvenirs que nous gardons de lui. Nous portons cette nouvelle dimension de lui partout où nous allons. Pour ma part, je veux que les souvenirs joyeux de l'être que j'ai perdu puissent danser en moi.

Lorsque mon père est mort, j'avais huit ans et demi. J'étais très attaché à lui. Bien que strict, il était très aimant. Les gens lui vouaient un grand respect, même si je n'en étais pas conscient. Lorsqu'on est enfant, on accepte les choses telles qu'elles sont, donc tout en lui me semblait normal : il était tout simplement mon père. Des milliers de personnes venaient l'entendre, et ces rassemblements revêtaient un aspect magique à mes yeux. Chacun venait à lui dans un seul but, celui d'en savoir davantage sur soi. Mon père s'asseyait et leur parlait : un silence absolu se faisait alors. J'ai eu beaucoup de chance de pouvoir participer à ces événements. Vivre une seule de ces journées dans une existence est déjà en soi une expérience exceptionnelle, j'ai eu la chance de le vivre pendant plusieurs années.

Les jours qui suivirent sa mort, je n'ai pas vraiment compris ce qui s'était passé. Je me rappelle seulement avoir beaucoup pleuré. Puis, j'ai découvert ceci : dans mon cœur, je pouvais encore le voir, l'entendre, le sentir. Cela fait maintenant des années, et pourtant je le vois, je l'entends et le ressens toujours en moi. Lorsque quelqu'un disparaît, on ne peut rien y faire. On ne peut qu'essayer d'accepter et, peu à peu, commencer, peut-être, à sentir que la personne aimée est avec nous sous une autre forme. Ce sentiment de connexion ne peut jamais nous être enlevé.

Bien des gens ont ressenti une grande tristesse à la mort de mon père. Quelques jours plus tard, une grande foule s'était rassemblée, tous étaient bouleversés. Je me suis approché du micro, j'ai regardé tous ces visages, et je leur ai dit : « Il est inutile de pleurer. Celui que vous pleurez est toujours là, dans vos cœurs, dans votre être, et il le sera toujours. » Quand les gens ont entendu ce message de ma part, ils ont été réconfortés et se sont mis à applaudir. Peut-être voyaient-ils en moi un prolongement de mon père. Quoi qu'il en soit, comme moi, ils ressentirent son énergie se répandre en eux.

L'énergie ne se détruit pas, elle se transforme ou se transfère : les êtres aimés disparus deviennent « quelque chose » d'autre, quelque part, ailleurs. C'est ainsi que la nature fonctionne, ainsi que l'énergie universelle, en constante évolution, se déplace. Une graine se transforme en arbre, cet arbre donne des fruits, chacun des fruits contient des graines, chacune de ces graines a le pouvoir de devenir un autre arbre. Quand vous tenez une graine, qu'avez-vous dans la main ? Quelque chose de minuscule, mais aussi la possibilité d'une forêt. Sentez la forêt dans la graine.

Votre cher disparu est toujours présent en vous. Son énergie passe à travers vous. Et il fait toujours partie de cette énergie universelle infinie qu'est la conscience. Ouvrez votre cœur et vous ressentirez sa présence.

Lever les yeux vers la Lune

De nombreux scientifiques posent le postulat que la Lune est issue d'un choc entre la Terre et une autre planète. Cette théorie (parfois appelée « l'hypothèse de l'impact géant ») considère qu'un corps gigantesque est entré en collision avec notre jeune planète et qu'un nouveau satellite s'est formé à partir de leurs débris. Certains appellent ce corps Théia, en référence à la mère de Séléné, la déesse de la Lune dans le mythe grec.

Désormais la Lune tourne autour de son ancienne demeure et, en se déplaçant, elle nous influence. Peut-être pourrions-nous penser que notre bien-aimé(e) décédé(e) est devenu(e) notre Lune. Il ou elle fait toujours partie de nous, de notre vie. Il ou elle illumine nos nuits, agit sur les marées de nos émotions, nous émeut. Levez les yeux, et voyez le reflet de la lumière du Soleil sur son visage.

Nous pouvons honorer une personne défunte en l'accueillant en nous dans sa nouvelle dimension. Inutile de s'accrocher au passé. Laissons-nous porter par la marée de la vie, laissons l'eau nous soutenir lorsque nous regardons le ciel nocturne et ressentons le lien avec notre Lune. Nous éprouvons du chagrin, tout en ressentant en même temps que notre cœur est habité d'un inaltérable sentiment de communion avec l'autre. Nous pouvons chérir ce qui était en célébrant ce qui est : nous pouvons faire revivre nos proches à travers notre amour.

Voici un poème de mon cru sur la façon dont nous pouvons garder les êtres aimés avec nous, et sur la force que cela nous procure :

Lorsque la nuit paraît chargée de ténèbres,
La lune se lève et commence à briller.
Une petite lumière luira pour vous,
Non seulement pour vous émerveiller,
Mais aussi pour éclairer votre chemin.

Trouver le repos en soi

Pour certains, ce deuil les renvoie à la triste pensée qu'eux aussi vont mourir un jour. On peut redouter sa propre fin à tout âge. Cette crainte peut se faire particulièrement forte lorsque nous tombons très malades ou que nous nous trouvons dans une situation dangereuse. La peur de la mort peut aussi nous hanter même lorsque nous sommes en sécurité et en bonne santé.

On me demande souvent de m'adresser à des personnes confrontées à la mort. Il nous faut admettre en premier lieu la réalité de notre propre mortalité. Nous devons tous partir un jour. C'est un fantasme de penser que la vie qui nous est offerte va durer éternellement. Mais *quand* exactement allons-nous partir ? Personne ne peut le dire ! Que savons-nous vraiment de notre vie et de notre mort ? La seule chose dont nous sommes sûrs, c'est que nous sommes nés et que nous sommes en vie *à cet instant même*, en ce moment précis.

Quand nous sommes malades, il est utile de nous rappeler que nous détenons d'extraordinaires forces intérieures. Elles sont nos amies, et nous devons faire appel à elles tant que nous le pouvons, afin de mobiliser toute l'énergie positive que nous avons en nous. Une maladie grave (tout comme le chagrin, la déception, l'anxiété et autres émotions et expériences négatives) peut nous éloigner de notre courage, de notre clairvoyance, de notre plénitude, de notre joie et de notre paix. Pourtant, notre courage est toujours présent en nous. Tout comme notre lucidité. Et notre plénitude, et notre joie. Ils sont toujours là, à notre disposition, au fond de nous. Ainsi que notre paix. *Dans les épreuves que la vie nous réserve, nous avons toujours accès aux ressources du cœur.*

Lorsque le monde extérieur vous pousse à bout, vous pouvez toujours vous relier à ce qui est solide et stable en vous. Lorsque vous êtes las des combats de la vie, sachez que vous pouvez vous reposer à l'intérieur de vous-même. Comme mon père le disait à propos de cette sensation d'aller en soi et de goûter aux profondeurs de l'être : c'est comme si l'on dormait sans dormir. Lorsque nous en éprouvons le besoin, nous pouvons nous éloigner du bruit extérieur et nous diriger vers cette sensation vivifiante de paix intérieure.

De grandes attentes

Comprendre à quel point nos attentes façonnent notre vie est une façon de nous aider à traverser les mauvais moments. Tous les jours, j'ai des attentes.

J'ai des attentes vis-à-vis de mon réveille-matin. J'ai des attentes vis-à-vis de mon téléphone et de mon iPad. Je m'attends à ce qu'il y ait du sel dans la salière lorsque je la saisis. Avoir des attentes, pourquoi pas. Du moment qu'on comprend qu'elles ne correspondent pas toujours à la réalité.

Il faut du courage pour accepter la vie telle qu'elle est réellement, plutôt que de se laisser égarer par la peur ou fourvoyer par les illusions. Cette lucidité-là éviterait bien des peines. Comme l'a formulé sagement Sénèque : « Nous souffrons plus de l'imagination que de la réalité. »

Que se passe-t-il lorsque nous nous laissons mener par nos attentes ? Nous sommes probablement capables de surmonter la déception d'une salière vide. Je connais quelques personnes qui seraient abattues si leur téléphone ou leur tablette ne fonctionnait plus. Les vrais problèmes commencent avec les attentes que nous projetons sur les autres. La colère et la tristesse suscitées par des souhaits non exaucés peuvent être énormes et dégrader les relations.

Il était une fois un jeune paysan qui devait transporter à pied chaque semaine dans des sacs ses productions jusqu'au marché. C'était un dur labeur, et il était limité par le poids et la quantité de marchandises qu'il pouvait porter, aussi économisait-il sou par sou pour s'acheter un âne. Sa femme n'était pas d'accord avec lui. Elle estimait que ce dont ils avaient besoin, c'était d'une vache, parce qu'elle leur donnerait du lait et du beurre. Ils achetèrent donc une génisse. La peine de l'homme ne diminua pas : il devait toujours porter ses lourds sacs jusqu'au marché, mais il continua à mettre des sous de côté jusqu'à ce qu'ils aient assez d'argent pour s'acheter un âne. L'âne transforma sa vie. Malheureusement, il y avait peu de place dans leur cour et, comme la vache atteignait sa pleine maturité, ce fut l'âne qui se sentit le plus malheureux. À vrai dire, l'âne risquait maintenant d'être écrasé par la vache.

L'homme, totalement déprimé, pria Dieu : « Seigneur, cela ne peut pas continuer. S'il vous plaît, pouvez-vous tuer la vache ? Ainsi mon âne pourra disposer de l'espace dont il a besoin. » Le lendemain matin, à son réveil, il trouva l'âne mort. « Mon Dieu, s'exclama-t-il, je pensais quand même que depuis le temps vous saviez faire la différence entre une vache et un âne ! »

Ah, les attentes !

Pensez à certains des mariages auxquels vous avez assisté ou dont vous avez entendu parler. C'est un grand classique : dès que l'heureux couple et les familles espèrent que ce sera un « mariage parfait », on peut être presque sûr qu'ils rencontreront des problèmes. La première chose qu'un ami qui organise un mariage devrait dire aux futurs mariés est la suivante : « Rien ne se passe jamais comme prévu ! »

Les robes peuvent être trop serrées. Les limousines peuvent se perdre dans la nature. Les beaux-pères peuvent faire des bourdes. Le petit orchestre peut entamer l'air qu'il ne fallait surtout pas jouer. La nourriture peut être insuffisamment ou trop épicée. La pluie peut s'inviter. Et le pauvre photographe ou vidéaste devra accomplir des miracles pour capturer tous les moments enchanteurs sans exception, afin que les « souvenirs » de cette journée reflètent les attentes et non la réalité.

Bien sûr, il est bon de se fixer des objectifs passionnants et ambitieux dans les domaines importants de nos vies – relations, maison, travail, mariage –, mais il ne faut pas s'y accrocher. *L'attente – et son inévitable cortège de déceptions – prive le moment de sa magie :* nous gaspillons beaucoup trop de notre précieuse vie à regretter que le moment présent ne soit pas à la hauteur de notre idée du moment présent. À qui la faute ? À la réalité ou à notre imagination ? Si nous sommes trop rigides dans notre approche, nous ressentons encore plus l'impact des événements inattendus et des déceptions. Pensez à la façon dont un arbre se balance dans le vent. Pensez à la façon dont un oiseau vole dans la tempête. Pensez à la façon dont les poissons se déplacent avec les marées.

Qui définit nos attentes ? Nous ! C'est nous qui créons nos propres attentes. Tout en subissant en plus celles des autres ! Si les autres ont des attentes à notre égard, nous n'avons pas à les prendre pour nôtres et à les assumer. Lorsque nous sommes déçus, nous le sommes souvent par nous-mêmes. Et cela me semble être une perte de notre temps précieux.

Pourquoi ne vous ressemblez-vous pas ?

Il n'est guère aisé de prendre du recul et de constater à quel point on est attachés à un résultat. Comme quelqu'un de têtu qui perd son chemin : il préfère croire à son interprétation de la carte plutôt qu'à ceux qui le renseignent. Jusqu'à finalement se trouver obligé de reconnaître qu'il a fait fausse route. Alors, il accuse la carte. Qui a tracé cette carte ? Nous restons piégés dans notre propre logique, quand bien même notre cœur nous dit que quelque chose ne tourne pas rond.

Un jour, j'arrivais en voiture à une grande conférence. Les organisateurs, que je connaissais, m'attendaient devant l'entrée des artistes. J'ai apprécié de me voir si bien accueilli par ces personnes qui m'avaient vu parler de nombreuses fois.

Je ne portais ni cravate ni costume, ce qui est inhabituel chez moi lorsque je me rends à ce genre d'événement. La route étant longue, j'avais décidé de m'habiller confortablement pour le voyage. Quand mon véhicule s'est arrêté, personne ne s'est approché. J'ai ouvert ma portière pour sortir de la voiture.

– Non, non, non ! se sont-ils écriés. Avancez la voiture ! Avancez la voiture ! On attend quelqu'un d'un moment à l'autre ! Déplacez la voiture !

Ils me fixaient, et je compris que toutes ces paires d'yeux cherchaient le costume et la cravate que je ne portais pas ce jour-là. Mon apparence ne répondait pas à leurs attentes. Puis l'un d'entre eux comprit le malentendu et, sur un ton embarrassé, me dit :

– Nous sommes vraiment désolés, nous ne vous avions pas reconnu !

Les autres me regardaient, comme pour dire : « Pourquoi ne vous ressemblez-vous pas ? »

Un vieux problème

« Celui qui est de nature calme et heureuse ne ressentira guère la pression de l'âge, mais pour celui qui est de disposition opposée, la jeunesse et l'âge sont l'un et l'autre un fardeau. » C'est ce que déclara Platon (qui dépassa l'âge de quatre-vingts ans). En vieillissant, j'apprécie davantage ces paroles. Le vieillissement est une affaire complexe et peut vous mettre à l'épreuve.

« Vieillir n'est pas pour les mauviettes », a dit un jour l'actrice hollywoodienne Bette Davis. En chemin, notre ego en prend un coup. Mais une grande partie de ce qui nous emplit l'esprit à propos du vieillissement n'est qu'un brouhaha motivé par la peur. « Je ne peux plus faire ça, j'ai soixante ans, vous savez ! » D'accord, peut-être ne pouvez-vous plus courir de marathon, ou bien votre temps de course dépasse-t-il maintenant cinq heures. Dans un cas comme dans l'autre, la belle affaire !

Quel que soit votre âge, il y a certaines choses que vous ne pouvez plus faire, d'autres que vous ne pouvez plus réussir aussi bien, et d'autres encore que vous pouvez accomplir seulement maintenant ! Acceptez ce qui est, et oubliez ce qui ne peut plus être. Le vieillissement est en grande partie dans notre tête. Dans notre jeunesse, nous aimions la vie et ne nous souciions pas de la mort. Quand nous avons peur de vivre comme de mourir, c'est là que nous devenons vieux.

Il y a longtemps, je me promenais en Italie dans une charmante rue pour prendre des photos. Sept vieillards étaient assis là, qui bavardaient, fumaient et profitaient de l'ombre par cette journée torride. Ils étaient détendus, avachis sur leur chaise, avec une bonne bedaine. Rien ne semblait les troubler. Puis une jeune femme remarquablement belle apparut au coin de la rue et se dirigea vers eux. Je ne crois pas avoir jamais vu des hommes se redresser, boutonner leur chemise et rentrer le ventre aussi vite. Quant à elle, elle ne les vit même pas !

Soyez réaliste

Vous êtes en train de préparer votre dîner, vous allez chercher quelque chose dans le salon, et maintenant tout est brûlé dans la casserole. Il n'y a plus rien dans le frigo, c'est dimanche et tous les magasins sont fermés. Je suis sûr que vous vous êtes déjà retrouvé dans une situation similaire. Juste au moment où vous réfléchissez à une option possible, quelqu'un intervient :

– Sois positif !

Vous achetez la chaîne hi-fi de vos rêves, vous branchez les enceintes et tous les circuits ce week-end, ce qui vous a pris une éternité ; aujourd'hui de retour chez vous après une journée de travail harassante, vous allez enfin avoir du temps pour écouter votre musique préférée. Mais votre chat a fait ses griffes sur les baffles et les a déchiquetés, sans oublier de mâchouiller tous les fils. Quelqu'un intervient :

– Sois positif !

À la vérité, je ne me sens pas positif. Il n'y a plus rien à manger ! Je ne peux pas écouter ma musique ! Ce que je dois être, c'est réaliste, pas positif. Cela m'amène à ce point : mes messages sur la paix intérieure et la nécessité de vivre dans le présent ne sont pas simplement des invitations à « être positif » ! Je ne dis pas qu'il faut accueillir toutes les mauvaises situations avec un optimisme béat et positiver à tout prix !

Au contraire, nous pouvons mieux apprécier la vie et en jouir si nous voyons le monde avec lucidité et si nous comprenons comment nous fonctionnons. *Les moments difficiles que nous vivons sont réels, mais la joie qui est en nous l'est également.* Vivre en conscience signifie être aussi réaliste que possible face à n'importe quelle situation, dans le monde qui nous entoure, comme dans celui qui est en nous. Ressentez la déception, le chagrin, la colère, la solitude, la dépression. Reconnaissez la douleur, tout en sachant que vous pouvez toujours choisir de vous relier à votre paix intérieure.

Un célèbre proverbe chinois dit : « Ne blâmez pas Dieu d'avoir créé le tigre, remerciez-le de ne pas lui avoir donné des ailes. » Imaginez les ravages que pourrait causer un tigre ailé ! Heureusement, nous n'avons pas à faire face à de telles créatures imaginaires, et nous n'avons pas à affronter ce genre de situations non plus. J'ai découvert que la vie devient plus facile si nous nous concentrons sur ce qui est. *La réalité est le meilleur cadre de vie.*

Être réaliste peut nous aider à nous préparer à l'avenir. Si vous êtes dans une bonne phase de votre vie, soyez conscient que de moins bons moments arriveront. Ne vous inquiétez pas, sachez-le simplement. Si vous passez par une période difficile, sachez que les moments heureux arriveront bientôt. Inutile de vous projeter dans tous les scénarios possibles, sachez simplement que le changement est à venir et ressentez votre force de résilience toujours disponible. En étant réalistes, nous savons que, même dans les tempêtes les plus déchaînées, il existe un lieu paisible et que ce lieu est en nous.

Je le sais : je peux être en paix avec moi-même dans les moments les plus beaux comme dans les plus terribles. Je ne peux pas toujours échapper aux épreuves de la vie ou les traverser tranquillement, mais je peux trouver refuge dans un endroit calme, en moi.

Inutile de vous projeter dans tous les scénarios possibles, sachez simplement que le changement est à venir et ressentez votre force de résilience toujours disponible. En étant réalistes, nous savons que, même dans les tempêtes les plus déchaînées, il existe un lieu paisible et que ce lieu est en nous.

J'ai donc un état d'esprit positif, mais je suis réaliste. Quand vous apprenez à piloter un avion, on vous donne ce conseil : trois choses vous sont inutiles en cas d'urgence, la piste derrière vous, le ciel au-dessus de vous et le carburant resté dans le camion à l'aéroport. Si vous avez parcouru la plus grande partie de la piste et que vous n'avez pas encore décollé, la piste derrière vous ne vous sert plus à rien. Si vous avez perdu de la puissance et que vous devez faire un atterrissage d'urgence, c'est la quantité d'air qui se trouve en dessous de votre appareil qui est critique, pas l'étendue du ciel tout là-haut. Et le carburant qui se trouve dans le camion à l'aéroport ne vous sert à rien une fois que vous êtes dans les airs. C'est cela, être réaliste.

Piloter notre vie

Je me souviens d'une histoire entendue en Floride. Elle m'amuse toujours. C'est un excellent avertissement sur la façon dont nous pouvons être à l'origine de nos propres problèmes. Elle est basée sur des événements réels, même si quelques traits de couleur ont probablement été ajoutés ici ou là !

> Un homme possédait l'un de ces petits avions dont on doit faire tourner l'hélice à la main pour lancer le moteur. Un jour, il n'y parvient pas, l'hélice ne bouge pas. Il entre dans le cockpit et augmente les gaz, ce qui apporte de la puissance au moteur – comme lorsqu'on tente de faire démarrer une vieille voiture. Puis il réessaye, en vain. Il pousse donc les gaz encore plus fort. De plus en plus fort.
>
> Puis le pilote lance à nouveau l'hélice à fond, et le moteur se met enfin à tourner. Hélas, il a mis tellement de gaz que l'appareil commence vraiment à démarrer. C'est une bonne chose, sauf que, détail fâcheux, l'homme n'a pas eu le temps de regagner son cockpit ! Il a placé une cale devant l'une des roues de l'avion pour l'immobiliser, mais l'autre roue ne veut pas rester tranquille et se met en branle. Une roue est

donc bloquée, tandis que l'autre est libre. L'appareil se met à tourner en rond et il prend de la vitesse.

Le pilote tente de s'agripper à l'aile de l'appareil, mais au même moment, voilà que l'autre roue saute par-dessus la cale qui la retenait. Plus rien n'empêche alors l'avion de quitter la piste, sinon son propriétaire, cramponné à lui.

L'homme ne put retenir son appareil longtemps, sans doute parce qu'à force de tourner en rond il avait le vertige. Lorsqu'il lâcha enfin prise, l'appareil se replaça en ligne droite, se dirigea vers la piste et prit de la vitesse, plongea, se redressa, et décolla – sans pilote.

D'autres pilotes, s'entraînant à côté sur des hélicoptères, avaient observé la scène et prirent l'avion en chasse. Imaginez cette poursuite aérienne ! L'avion sans pilote volait allègrement, faisant ce pour quoi il avait été conçu. Il vola ainsi pendant presque deux heures, puis tomba en panne de carburant, cala, et entama une lente descente avant d'effectuer le plus doux des atterrissages en catastrophe sur un terrain dégagé sous les yeux des pilotes d'hélicoptère stupéfaits de son aisance.

Pourquoi cette histoire me vient-elle à l'esprit ? Parce qu'un pilote peut être à l'origine du crash d'un avion. Cet homme est entré dans le cockpit en pensant : « Je dois faire ceci, je dois faire cela... » et ses interventions ont engendré des problèmes. Laissé en pilotage automatique, l'avion a parfaitement accompli sa tâche lorsqu'il était en vol, sans pilote à son bord. En vol, il convient de donner des directives efficaces et réalistes à l'appareil, tout en le laissant faire, rien de plus.

Dans la vie, les choses se passent de la même façon. Si nous pensons constamment : « Il faut que la vie m'apporte ceci et soit comme cela », nous pouvons nous « crasher ». Si nous laissons la vie faire ce pour quoi elle a été conçue, elle montre alors toute sa splendeur et sa simplicité.

Lorsque notre vie tourne mal, nous avons tendance à blâmer les autres, la malchance ou le karma. Pourtant, ce mal dépend parfois de notre comportement. Avons-nous l'esprit clair ? Avons-nous des projets réalistes ? Sommes-nous capables de réagir avec souplesse à des situations inattendues ? Demandons-nous à notre existence plus qu'elle ne peut ou ne veut donner ? D'après mon expérience, l'idéal est de tendre vers le juste équilibre entre maîtriser sa vie et la laisser libre de toute contrainte : trouver le juste milieu entre rester au contrôle de son avion et le laisser voler de ses propres ailes…

Trouver son feu

Une phrase attribuée à Mère Teresa dit : « Mieux vaut allumer une bougie que maudire l'obscurité. » Vous aurez beau rester allongé dans votre lit toute la nuit à maudire l'obscurité, cela ne vous apportera pas la lumière. Nous pouvons nous installer dans la forêt obscure de nos problèmes et pleurer – et je sais à quel point certains problèmes peuvent nous sembler insurmontables – à un moment donné, il faut dire : « Assez, ça suffit. »

Dans ces situations, rassemblons notre courage, craquons une allumette et allumons une bougie. Ensuite, avec la flamme de cette première bougie, allumons-en une autre. Et savez-vous quoi ? La lumière de la première bougie ne s'éteint pas en allumant l'autre : bien au contraire, nous obtenons deux fois plus de lumière. Et ainsi de suite jusqu'à ce que notre vie s'illumine à nouveau. Comme la flamme d'une première bougie est nécessaire pour en allumer d'autres, c'est en nous qu'il faut trouver le feu.

Quelle est cette lumière ? C'est celle de la conscience : elle est la seule vraie lumière qui puisse nous guider dans la vie, *a fortiori* dans les périodes les plus sombres.

Mon point de vue sur les périodes de crise n'est pas nouveau, le message est le même aujourd'hui que celui qu'il était à l'époque de Platon ou au XVe siècle à l'époque du poète Kabîr, ou des milliers d'années avant eux. Mes arguments sont simples : le monde peut être hostile, mais les hommes naissent bons, et la paix existe en chacun d'eux. La mort nous prend ceux que nous aimons, et les transforme en une énergie que nous pouvons encore sentir et commémorer. Regarder la réalité en face demande du courage, mais nous rend libre de vivre notre vie telle qu'elle est réellement. Nous devons dominer nos attentes, sinon ce sont elles qui nous domineront. Cela me rappelle ce poème de Kabîr :

Regarder la réalité en face demande du courage, mais nous rend libre de vivre notre vie telle qu'elle est réellement.

La lune brille au-dedans de nous
Mais les yeux aveugles ne peuvent la voir
Elle est en nous ainsi que le soleil.
En nous résonne l'harmonie des instruments
Mais nos oreilles y restent sourdes.
Tant que règnent le moi et ce qui est mien
Nos œuvres resteront vaines.
Quand tout attachement au moi
Et aux choses qui me lient sera mort,

Alors mon Maître bien-aimé achèvera ma tâche.
L'homme désire être libre pour atteindre la Connaissance,
Or la liberté vient seulement après la connaissance de soi.
Comme la plante désire porter le fruit,
Et la fleur s'épanouir pour son fruit à venir,
Une fois le fruit prêt, la plante n'a plus besoin de la fleur.
De même, le cerf qui porte le musc en son sein
Ne le cherche pas en lui-même,
Mais erre dans la forêt en quête de brins d'herbe.

Tous les instruments qui vous habitent jouent en harmonie. Entendez la paix qui règne au fond de vous. C'est un chant silencieux. Écoutez-le attentivement, et peut-être vous entendrez-vous.

CHAPITRE 8

Guerre, prisons et pardon

Imaginez un monde où tous les hommes vivraient en paix. Imaginez ce qui pourrait naître de cette paix mondiale : les fleurs magnifiques de la bonté. Imaginez un monde où la société mettrait ses talents, ses ressources et son énergie au service du bien de tous. Où les milliards de milliards de dollars habituellement dépensés pour attaquer les autres seraient consacrés à la lutte contre les maladies, à l'éducation… Où les communautés et les familles ne seraient pas brisées par la violence et la criminalité, mais unies, solides, compréhensives et attentionnées. Où le foyer de chacun serait sûr, confortable et accueillant. Où les nouvelles technologies seraient conçues pour servir l'humanité et nous aider à progresser. Où la nourriture et l'eau seraient disponibles en abondance, et où nous partagerions volontiers ce que nous possédons avec nos amis, nos voisins et les étrangers. Où les frontières ne seraient plus que des traits sur de vieilles cartes. Où toutes les créatures auraient suffisamment d'espace pour s'épanouir. Où la nature serait aimée et respectée. Où nos villages, nos villes et nos cités déborderaient de gratitude et de générosité.

Nous pourrions vivre ainsi en paix, tous. Comme un seul homme.

« Oui, c'est ce que nous voulons ! », disons-nous. Mais un tel monde idéal ne se réalisera jamais si, en premier lieu, nous ne comprenons pas vraiment ce qu'est la paix. Peu le comprennent. Nous savons tout de la guerre, mais si peu de choses sur la paix.

Nous avons peut-être des idées sur celle-ci, mais souvent elles ne sont guère que des rêves utopiques. Que signifie le mot « utopie » ? En grec, *u* est la négation et *topos* signifie « lieu », soit : « pas de lieu ». Nous rêvons d'un endroit qui ne pourra jamais exister, si nous ne le cherchons pas d'une autre façon. La paix se trouve en vous : ce message résonne à travers les siècles. Elle commence en vous et en moi.

Nous ne pouvons entrevoir ce qu'est la paix que lorsque nous la ressentons en nous-même, d'où l'importance de la connaissance de soi. Lorsque nous connaissons la paix intérieure et que nous entrons en contact avec elle, nous pouvons alors concevoir ce qu'est la paix universelle. Nous sommes alors capables de *choisir* d'être vraiment paisible dans notre manière d'agir. La paix dans le monde que nous recherchons a alors une chance de devenir une réalité plutôt que de n'exister que sous la forme d'une « utopie » abstraite.

Une seule graine

Les conversations sur la paix suscitent souvent toutes sortes de « si », de « mais » et de « peut-être » concernant « les autres ». Nous nous demandons : si les autres ne veulent pas vivre en paix, comment la paix dans le monde pourrait-elle advenir ? La paix pour soi et en soi, c'est merveilleux, mais comment faire pour que la société tout entière suive notre exemple ? Peut-être les autres sont-ils le problème, et non la solution ?

L'attention que nous portons aux « autres » nous détourne de notre regard sur nous-mêmes. Il est vrai qu'inciter des milliards d'individus à accueillir pleinement la paix est une tâche énorme, mais il existe une bonne façon de commencer : une personne à la fois. Et qui est la personne avec laquelle nous devons commencer ? Nous-mêmes.

Imaginez un monde où tous les hommes vivraient en paix. Mais un tel monde idéal ne se réalisera jamais si, en premier lieu, nous ne comprenons pas vraiment ce qu'est la paix. Peu le comprennent. Nous savons tout de la guerre, mais si peu de choses sur la paix. Nous ne pouvons entrevoir ce qu'est la paix que lorsque nous la ressentons en nous-mêmes, d'où l'importance de la connaissance de soi. Lorsque nous connaissons la paix intérieure et que nous entrons en contact avec elle, nous pouvons alors concevoir ce qu'est la paix universelle.

Imaginez. Vous et moi sommes debout dans un champ, entourés d'une vaste étendue jusqu'à l'horizon.

Je vous dis :

– Je veux que vous plantiez une forêt dans ce champ et dans toutes les prairies environnantes.

– Cela semble être une bonne idée ! Comment allons-nous nous y prendre ?

Le défi semble insurmontable, impossible. En vérité, il est pourtant simple à relever si l'on comprend ce qu'est un arbre. Chaque arbre a le pouvoir de se multiplier. Tout ce qu'il faut pour commencer, c'est une terre saine et une bonne semence, car un seul arbre peut engendrer une forêt. Il n'est pas nécessaire de semer une multitude de graines une à une. Inutile aussi de faire venir de l'eau, de la machinerie lourde, des experts, etc. Tout cela est superflu si vous avez un sol fertile et une seule graine. Juste une.

Apprendre à choisir

Y a-t-il des moments où il est légitime de se battre, voire de mener une guerre ? Peut-être. Il appartient à chacun de choisir pour soi-même la guerre ou la paix, selon ce que dit son cœur. La guerre et la paix sont en nous, mais également la lumière et la confusion. Nous ne pouvons faire le bon choix que lorsque nous nous comprenons nous-mêmes.

L'épopée du *Mahabharata*, texte sacré indien, est inspirée par un conflit né d'une lutte entre deux groupes de cousins – les Kaurav et les Pandav. Tous deux se considèrent comme les héritiers légitimes de l'ancien royaume indien de Kuru. Dans un épisode célèbre de ce grand conte épique sanskrit, le dieu Krishna accompagne sur le champ de bataille un guerrier du nom d'Arjuna.

Une grande bataille va commencer entre deux branches de sa famille. Or, Arjuna déclare qu'il ne veut pas se battre. Il regarde autour de lui les rangs de soldats et voit une longue file constituée de membres de sa famille, de ses amis, de ses maîtres, de ses compagnons d'armes. Il n'a aucune envie de bander son arc contre ceux qu'il aime et qu'il connaît. Ses raisons semblent nobles et désintéressées.

On pourrait penser que Krishna serait heureux qu'Arjuna soit favorable à la paix. Or ce n'est pas le cas. Pourquoi ? Parce que ses sentiments sont utopiques, ils ne sont pas reliés à la réalité, il n'a pas saisi l'ensemble de la situation. Autrement dit, il ne se connaît pas vraiment.

Krishna parle à Arjuna, lui explique le contexte de la bataille et l'aide à comprendre la place qu'il occupe dans le monde, et son devoir de participer à une guerre juste. Lentement, le guerrier comprend sa position, puis prend conscience qu'il est maintenant parfaitement libre de décider pour lui-même. L'essentiel est de faire le bon choix, après avoir constaté que nous sommes libres de choisir.

Supposons que vous vous trouviez en prison et que, depuis des années, vous regardiez par la fenêtre de votre cellule en préparant votre évasion. Un haut mur se dresse devant vos yeux, c'est votre seul horizon. Il occupe tout votre champ visuel et ne laisse quasiment pas entrer de lumière dans votre cachot. Vous pensez que c'est le seul mur qui vous sépare de la liberté, or, derrière ce mur s'en trouve un deuxième, encore plus haut que le premier. Mais le mur le plus proche de votre cellule vous en cache la vue. Au-delà se dresse un troisième mur encore plus haut, mais vous ne pouvez pas le voir non plus.

Pendant des semaines, vous avez secrètement rassemblé tout le matériel nécessaire pour escalader le premier mur. Vous mesurez soigneusement vos cordes une fois de plus, et vous décidez que vous en avez assez. Et vous vous échappez : vous parvenez à franchir le premier mur. Seulement, arrivé en haut, vous vous trouvez face au deuxième, et vous constatez que vos cordes ne sont pas assez longues pour atteindre son sommet. Vous aviez mal évalué votre situation.

Si nous n'embrassons pas la situation dans son ensemble, nous ne pouvons pas prendre la bonne décision. Si nous ne nous connaissons pas nous-mêmes, nous ne pouvons pas nous relier à la paix qui règne dans notre cœur. *Si nous n'avons pas de lien avec notre paix intérieure, il se peut que nous décidions de nous battre pour de mauvaises raisons, tout comme de ne pas nous battre pour de mauvaises raisons. De la paix intérieure naît la liberté de choisir.* Au lieu de rêver à une utopie, il convient de regarder la réalité en face avant de faire son choix.

Un autre pas de géant

La paix dans le monde est-elle vraiment possible ? Sommes-nous réellement capables de vivre ensemble en harmonie ? Beaucoup pensent que non. Sénèque nous dit : « Ce n'est pas parce que les problèmes sont compliqués que nous n'osons pas ; c'est parce que nous n'osons pas qu'ils sont compliqués. » Osons-nous donner une chance à la paix ?

J'aimerais rappeler ici un événement. Il a duré douze secondes et n'a couvert qu'une distance d'une quarantaine de mètres, et il a pourtant changé le monde. Je veux parler du premier vol contrôlé et motorisé de l'histoire de l'aviation, en 1903. Sans aucun doute, beaucoup ont considéré que le projet des frères Wright était audacieux, et se sont dit : « Ça ne va pas marcher ! » Ou : « Il faudrait être naïf pour y croire ! » Ou encore : « Si Dieu avait voulu que nous volions, il nous aurait donné des ailes ! » Or ces deux jeunes gens, qui avaient débuté dans la réparation de vélos, rivalisaient d'imagination. Et ils ne comprenaient pas ce que voulait dire le verbe « renoncer ». C'est ce qu'on appelle la détermination.

S'agissant de la paix, nous avons besoin de faire preuve de détermination et d'audace.

Voici un autre exemple destiné à ceux qui affirment que la paix est impossible : nous sommes allés sur la Lune. Cette mission, ce saut de géant de l'imagination à la réalité, a-t-elle réussi grâce à ceux qui ont déclaré : « C'est impossible », ou grâce à ceux qui ont dit : « Essayons » ? Entendez l'ambition du président John F. Kennedy dans son célèbre discours du 12 septembre 1962 :

> Nous avons choisi d'aller sur la Lune au cours de cette décennie et d'accomplir d'autres choses encore, non pas parce que c'est facile, mais justement parce que c'est difficile. Parce que cet objectif servira à organiser et à offrir le meilleur de notre énergie et de notre savoir-faire, parce que c'est le défi que nous sommes prêts à relever, celui que nous refusons de remettre à plus tard, celui que nous avons la ferme intention de remporter.

Peut-être devons-nous désapprendre le pessimisme. Faire de la paix une réalité sur terre serait notre plus grande réussite collective, alors pourquoi ne pas conforter notre détermination ? Et si nous suivions l'exemple de Kennedy et disions à notre tour :

« Nous choisissons de réaliser la paix entre les peuples. Nous choisissons de le faire au cours de cette décennie, non parce que c'est facile, mais justement parce que c'est difficile. Parce que cet objectif servira à organiser et à offrir le meilleur de notre énergie et de notre savoir-faire, parce que c'est le défi que nous sommes prêts à relever, celui que nous refusons de remettre à plus tard, celui que nous avons la ferme intention de remporter. Car la paix est possible lorsque chacun de nous commence par lui-même. »

La malédiction de la vengeance

Les conflits surviennent lorsque nous perdons le respect de l'autre. En l'absence de respect, nos principes et nos règles l'emportent sur la personne. La tête prend le dessus sur le cœur, et nous commençons alors à projeter des idées préconçues sur ceux auxquels nous nous opposons. Ceux qui prônent les guerres savent depuis des siècles qu'il est profitable de déshumaniser la partie adverse. Si on fait passer ses opposants pour des monstres, il est facile de les faire haïr par les honnêtes gens. Une société fait un grand pas sur le chemin de la paix lorsqu'elle reconnaît l'humanité chez son ennemi, et cela se conçoit à titre individuel.

Voilà qui m'amène sur le terrain de la vengeance. On m'a fait du tort, alors je dois me venger ! Ce sentiment peut sembler profondément juste, il est ancré dans le sentiment du droit. Plus encore, il peut donner l'impression que l'on doit se venger pour se protéger. Cela contribue-t-il à autre chose qu'à susciter la peur, la haine et le désir de vengeance chez les autres ?

Un récit de vengeance du *Mahabharata* m'est toujours resté en mémoire. Il illustre ce qui se passe lorsque nous perdons notre clarté d'esprit sur ce que nous sommes, et en particulier ce lien avec la paix qui règne dans notre cœur. Il met également en lumière l'importance de faire le bon choix. Le récit est long et complexe, et une grande partie est ouverte à l'interprétation et aux variantes. Je vais donc le résumer le plus simplement possible.

L'histoire se situe quelque temps après la guerre. Un homme noble, du nom de Parikshit, devient roi. Il est considéré comme étant un bon souverain, et le peuple est heureux dans ce pays où règnent la paix et la prospérité. Lors de sa chevauchée quotidienne, le roi rencontre le Kali Yuga, qui a pris la forme d'une personne. Le *Mahabharata* est en effet riche de personnifications et de métaphores. Certains pensent d'ailleurs que cette guerre « familiale » est le début du Kali Yuga, quatrième et dernier âge de l'humanité. Dans la mythologie indienne, cet « âge des ténèbres » est l'ultime et le plus négatif des quatre cycles de l'évolution cosmique. C'est l'époque où s'installent la discorde, les querelles et les conflits.

Kali Yuga se tient devant Parikshit et dit :

– Je suis Kali Yuga, et je veux me déployer dans tout ton royaume. Mon temps est venu.

– Je ne vais pas te permettre de faire une telle chose, lui répond Parikshit, parce que je sais qui tu es et ce que tu es. Tu es ce qui va écarter les hommes du droit chemin, les faire se battre entre eux et leur faire oublier leurs responsabilités.

Kali Yuga se rend compte qu'il a un grand défi à relever. « Comment se fait-il que je sois présent partout ailleurs, et pas dans ce royaume ? », s'interroge-t-il. Il sait aussi que Parikshit est un chef puissant et qu'il ne doit pas se risquer à le défier directement. Il réfléchit quelques instants à la situation.

– Écoute, déclare-t-il, je te demande refuge !

Comme il est du devoir d'un roi de fournir un abri quand on le lui demande de cette façon, c'est donc maintenant au tour de Parikshit de trouver une repartie. « Y a-t-il un endroit où je puisse le loger sans qu'il ne puisse nuire à mon royaume ? se demande-t-il. Comment le garder à l'œil ? »

Alors il prononce ces mots fatidiques :

– Soit. Tu peux venir t'abriter dans mon esprit.

Kali Yuga est ravi, car il sait que de là il pourra occuper tout le royaume.

Quelques jours passent. Parikshit décide de partir à la chasse. À un certain moment, il se met à avoir soif ; passant devant un ermitage, il y entre pour chercher de l'eau. Il rencontre là un *rishi* (un sage) appelé Shamika, en profonde méditation.

– Donne-moi de l'eau, ô *rishi* ! lui demande Parikshit.

Shamika ne l'entend pas.

Alors le roi insiste :

– S'il te plaît, ô *rishi,* je te demande humblement de l'eau.

Shamika ne répond toujours pas.

Alors Parikshit se met en colère, chose inhabituelle pour lui. Il devient même furieux au plus haut point, car il se sent rabaissé. Il avise par terre un serpent mort, animal impur, et le passe au cou du *rishi* – ce qui constitue une insulte terrible.

Voyant ce qui vient de se produire, l'un des disciples de l'ermite maudit le roi en lui annonçant qu'il sera tué par le serpent Takshak dans les sept prochains jours. Parikshit comprend son erreur et s'excuse auprès de Shamika, mais, quoi qu'il fasse, il ne peut lever la malédiction.

On construit de toute urgence une tour pour protéger le roi : des soldats font le guet et se tiennent prêts à tuer le moindre serpent qui approche. Le septième jour, Parikshit croit avoir échappé à la malédiction. Le crépuscule vient de tomber. Il a faim et va chercher un fruit… d'où sort un ver. Parikshit s'en amuse. « Je veux bien me laisser mordre par ce serpent-là ! », plaisante-t-il. Takshak quitte alors son apparence de ver pour reprendre son corps de serpent, accomplissant ainsi la malédiction.

Janmijay, le fils de Parikshit, décide de venger son père. Il organise un énorme *sapt satra*, ou sacrifice de serpents : tous ceux que ses hommes rencontreront seront brûlés. Ainsi se perpétue le cycle de la vengeance.

Je laisse le lecteur approfondir l'histoire du Kali Yuga s'il est intéressé, sinon je finirais par résumer au lecteur le *Mahabharata* tout entier ! Ce cycle d'horreurs ne produit rien d'autre que du chagrin. C'est « œil pour œil » et, comme Gandhi est censé l'avoir dit, tout le monde finit aveugle.

Une vision différente du pardon

Le chemin qui conduit de la colère au pardon peut être pénible et escarpé, surtout lorsque de grands torts nous ont été faits, à nous ou à ceux que nous aimons. Une avancée est possible si nous considérons le pardon non comme une humble acceptation, mais comme un moyen courageux de se libérer de la douleur.

Certains actes sont si terribles, si dévastateurs, si cruels et si odieux qu'ils sont inacceptables et doivent être soumis à la justice. En pardonnant, le lien avec l'action passée se rompt, celle-ci ne nous entravera plus indéfiniment. Le pardon ne libère pas le coupable de sa responsabilité, il nous libère de la relation au coupable et de la position de victime.

J'ai rencontré de nombreux survivants de conflits, certains de leurs récits m'ont fait pleurer. Je sais que les fils et les filles de ceux qui ont été tués à la guerre ne peuvent vivre sans la vengeance au cœur.

Même s'il n'est jamais facile de se défaire des sentiments que nous éprouvons à la suite d'événements traumatisants, nous faisons les premiers pas pour nous détacher de notre statut de victime lorsque nous choisissons d'agir pour nous-mêmes : il est particulièrement impressionnant de voir quelqu'un, jusque-là habité par l'idée de vengeance, trouver la force intérieure de s'élever au-dessus de sa peur et de sa fureur. J'ai été étonné de la détermination de ces personnes à bien vivre aujourd'hui, malgré ce qu'ils avaient subi dans le passé. Ils ont souffert, mais ne veulent pas vivre le restant de leur vie dans la peau d'une victime.

J'ai visité l'Afrique du Sud pour la première fois en 1972, à l'âge de quatorze ans, à l'occasion d'un événement où je devais prendre la parole. J'ai été consterné par ce que j'y ai vu et vécu, cela m'a rappelé le terrible système des castes que je détestais tant en Inde. À cette époque, Nelson Mandela était emprisonné et l'apartheid était extrêmement violent.

Un responsable du gouvernement sud-africain m'a dit :

– Votre rassemblement ne peut pas être mixte. Il faut maintenir la ségrégation entre les gens de races différentes.

– Désolé, lui ai-je répondu, je ne peux pas faire cela. Tout le monde peut venir à mes conférences. Je parle à des êtres humains. Je ne parle pas à leur race. Je ne parle pas à leur religion.

Je fus aussitôt mis sur liste noire. Les responsables gouvernementaux, ne souhaitant pas arrêter le jeune conférencier invité que j'étais et risquer de déclencher un événement d'actualité international, ont préféré me suivre et me surveiller vingt-quatre heures sur vingt-quatre, sept jours sur sept. Je pense avoir enfreint à peu près toutes leurs règles à propos des villes où je me rendais, dans ma façon de voyager, en fréquentant les personnes que je voulais et en parlant comme je le faisais. Ils bouillaient de colère, mais craignaient ma notoriété.

Une réjouissante variété de personnes de toutes sortes et de toutes les couleurs était présente lors des conférences, toutes avec la même quête : ressentir la paix en soi et vivre une vie épanouie, une merveilleuse possibilité qui peut être envisagée même dans un contexte de ségrégation et de violence.

Ces dernières années, j'ai donné des conférences à Soweto, une ville où la population a souffert de façon inimaginable. De nombreux orateurs invités y parlent du pardon, cependant mon approche diffère : je suis le seul à dire que le pardon vous concerne vous, et non eux, les auteurs de ces actes : « Certains peuvent commettre des actes si odieux que vous ne pouvez probablement pas leur pardonner, pourtant vous pouvez faire une chose : trancher le lien qui vous garde prisonnier de la douleur. De cette façon, ce qui s'est passé hier ne dirigera plus votre vie d'aujourd'hui. »

Lors d'une autre de mes interventions, une détenue me fit parvenir la question suivante : « J'ai commis dans ma vie un acte que je ne peux pas me pardonner. J'ai tué deux de mes enfants et tenté de me suicider à cause des mauvais traitements que je subissais. Je voudrais ressentir la paix dont vous parlez, j'ai peur de ne plus en être capable. Me reste-t-il une chance ? »

J'ai regardé le public. Je me suis rendu compte que cette question les touchait de près. Je leur ai dit :

– Pensez-vous qu'il y ait une chance pour cette personne ?

À ma grande surprise, tout le monde répondit d'une seule voix :

– Oui !

Ce fut leur réponse. Il y avait de l'espoir pour cette femme. Ce moment restera gravé à jamais dans mon esprit. Il me disait, haut et fort, qu'il y avait de l'espoir pour l'humanité.

Devoir et responsabilité

Certaines personnes ressentent la lourde obligation morale de se battre, pour leur pays, pour leur religion, pour leur communauté, pour leur famille. J'ignore quel devoir vous avez – ou pas – envers les autres, je veux simplement rappeler que vous avez aussi un devoir envers vous-même. Ce devoir est de vous comprendre avant d'agir, et de faire l'expérience de la paix intérieure avant de choisir de vous battre ou de vous abstenir de le faire. Votre esprit peut être convaincu de la légitimité d'une guerre, mais qu'en dit votre cœur ?

Il y a quelques années, la Fondation Prem Rawat a lancé son Programme d'éducation pour la paix au Sri Lanka, pays qui a connu une terrible guerre civile. Utilisé au départ pour aider les détenus, ce programme soutient toutes sortes de personnes qui souhaitent se réinsérer dans la société en les aidant à se réapproprier et à appréhender leur aspiration personnelle à la paix. Au Sri Lanka, nous nous sommes efforcés d'aider les anciens combattants à se reconnecter à eux-mêmes, et cela a eu un puissant impact. Un ancien Tigre tamoul m'a dit : « Si j'avais entendu ce message plus tôt dans ma vie, je n'aurais jamais fait la guerre. » Ce programme est maintenant actif dans plus de cent pays et est régulièrement proposé aux personnes des communautés qui ont été impliquées dans des conflits. En Colombie, nos équipes ont travaillé avec des anciens combattants du groupe révolutionnaire des FARC. Beaucoup d'entre eux se battent depuis leur enfance et ne connaissent pas grand-chose d'autre. Durant des décennies, des armées indépendantes dans tout le pays ont été impliquées dans des crimes et de terribles violences. La drogue jouait un grand rôle dans ce conflit. À la fin du programme, un ancien combattant des FARC m'a déclaré :

– Si une guérilla peut prendre à cœur ce message, imaginez ce que vous pouvez faire pour le reste du monde.

Les conflits quotidiens

Parler de la guerre peut sembler purement théorique à ceux qui ne l'ont pas vécue. Cependant, la même dynamique se joue dans la vie quotidienne, à une échelle réduite. Prenons l'exemple d'un conflit mineur. Vous êtes au volant ; quelqu'un vous fait une queue-de-poisson sans s'excuser. Cela vous met hors de vous ! La colère vous submerge. Vous klaxonnez et vous foncez jusqu'au prochain feu. Que se passe-t-il ? Vous offrez au chauffard le contrôle de vos émotions. Si vous êtes tous deux en compétition pour une chose qui n'a finalement aucune importance – aller un peu plus vite que l'autre –, lequel ne voit pas où est l'essentiel ? Lui ou vous ? Tous les deux !

Essayons une autre approche. Quelqu'un s'acharne à essayer de nous doubler, nous pouvons ralentir et le laisser passer. Nous dominons la situation. Quelqu'un essaie de prendre notre place de parking ? Laissons-la-lui ! Nous dominons la situation. Qui sait, il a peut-être une affaire urgente à régler. Et même si son besoin n'est pas plus grand que le nôtre, peut-être notre action plantera-t-elle une graine de bonté dans son esprit.

Ce n'est pas négligeable, car les petites disputes dégénèrent parfois en tragédie. Partout, des gens restent enfermés dans des conflits, à commencer par les jeunes des quartiers défavorisés. Combien de fois entendons-nous parler dans les actualités du meurtre d'un jeune homme ou d'une jeune fille dans un quartier sensible, drame que l'on oublie quelques minutes plus tard comme si c'était un événement normal ? Devant ce genre de fait, nous devrions réfléchir un instant et prendre conscience que notre propre regard sur les jeunes défavorisés leur fait perdre leur humanité. Ils ne sont plus des personnes, juste des chiffres dans les statistiques de la délinquance et de la criminalité. Si nous cessons de considérer comme des êtres humains les victimes et les coupables de la violence dans ces quartiers, la guerre dans les villes ne fera qu'empirer.

L'espoir comme remède à l'ennui

Je participe à de nombreuses initiatives qui luttent contre la violence des jeunes, et l'un des défis auxquels elles se confrontent est le désespoir que ressentent les citoyens. Qui peut mettre fin à la violence ? Nous tous, ensemble. Les efforts commencent par chacun d'entre nous. La police, les responsables politiques, les associations, les populations locales et les gosses eux-mêmes, vous et moi, nous sommes tous concernés. Nous sommes tous des êtres humains et avons tous besoin de trouver l'espérance en nous-mêmes.

Si les jeunes n'ont aucune perspective d'être inclus dans la communauté, de trouver un travail, d'avoir un foyer, de réaliser des projets, d'être respectés et aimés, ils se détournent de la société. Mais, plus important encore, ils se détournent d'eux-mêmes. Si l'on ne ressent aucun amour pour soi, pourquoi en ressentirait-on pour quelqu'un d'autre, surtout si l'on craint qu'il ne vous fasse du mal ? Ces enfants finissent par se battre les uns contre les autres parce qu'ils se battent avec eux-mêmes.

Au fond du cœur de ces jeunes règne un terrible sentiment d'ennui. Notre tâche est de les aider à voir qu'il existe quelque chose qu'ils peuvent maîtriser, ressentir, apprécier et chérir – quelque chose qui se trouve en eux, dans leur cœur. À voir que ce sentiment d'amour, dès lors qu'ils s'y sont reliés, ils peuvent le cultiver. Dans cette perspective, la paix intérieure a quelque chose de puissant à offrir à tous.

Problèmes familiaux

Nous devons nous demander, à propos des choix faits par les jeunes, pourquoi l'amitié avec des étrangers a souvent plus de sens pour eux que l'affection partagée avec leur famille ? Il semble parfois que les parents n'aient presque plus de temps à consacrer à leurs enfants, tant d'autres occupations réclament leur attention. Ils considèrent qu'enseigner le sens de la responsabilité à leurs enfants consiste à les laisser mener leur vie tout seuls. Ces jeunes, se sentant délaissés, se tournent alors vers des bandes ou des gangs afin de se faire des amis. Et ils désespèrent tellement d'être acceptés dans cette nouvelle famille qu'ils peuvent aller jusqu'à commettre des meurtres en guise d'épreuve d'initiation.

Il faut que les gouvernements soutiennent les familles. Il faut que les entreprises soutiennent les familles. Nous avons également un rôle à jouer. Que pouvons-nous faire pour rendre la famille plus forte ? Commencer par la nôtre.

Un sourire surprenant

La prison est souvent une destination malheureusement incontournable pour les laissés-pour-compte de la société qui, jeunes et moins jeunes, ont perdu le contact avec le soi et ne peuvent se soustraire à la force d'attraction de la délinquance. Le Programme d'éducation pour la paix de la Fondation Prem Rawat a été conçu, à l'origine, pour aider les détenus à se réconcilier avec eux-mêmes, à découvrir leurs ressources intérieures et à éprouver un sentiment de paix. Ce programme peut radicalement changer la façon dont ils se perçoivent, les amener à se comprendre et à transformer ce qu'ils vivent d'abord en prison, puis plus tard dehors. Il s'est également révélé utile pour le personnel des institutions que nous soutenons.

Je n'avais jamais imaginé que je visiterais autant de prisons de haute sécurité. Ces endroits ne peuvent laisser indifférent et donnent à réfléchir. La prison est une reproduction en miniature du monde, une sorte de microcosme. On y rencontre tous les profils.

Durant toute mon enfance, j'ai entendu mon père parler de l'échange entre Krishna et Arjuna sur le champ de bataille. Ce n'est que lors de ma première visite dans une prison que j'en ai véritablement compris le sens. Il y règne une cacophonie et une impression de dislocation épouvantable. Je n'ai jamais vu la moindre lueur de sérénité dans les prisons où je suis allé. Mais j'y ai souvent rencontré les plus surprenants sourires : incarcérés dans un environnement sinistre, souvent depuis et pour de nombreuses années, les détenus sont pourtant capables d'exprimer une énergie positive.

Les individus écroués ne contrôlent plus rien. Dans la société, leur vie était probablement difficile, mais au moins avaient-ils un chez-soi. Même si c'était un taudis, ils se sentaient dans un lieu à eux. Derrière les barreaux, il ne leur reste même plus cela. Ils ne sont plus maîtres de rien. La prison contrôle leur environnement et leur emploi du temps, les gardiens ont le pouvoir sur eux, et leurs codétenus sont souvent une source de compétition et d'incidents. Les murs, les barreaux et les clôtures sont bien sûr pénibles à supporter, mais être enfermés dans la promiscuité d'individus totalement impulsifs, irresponsables et inconscients doit être plus lourd encore. En définitive, aussi insupportable que soit l'environnement carcéral, ce sont les individus qui rendent l'enfermement invivable.

Que puis-je déclarer à quelqu'un dans cette situation ? Juste ceci : je ne peux pas vous faire sortir d'ici, je peux vous aider à être libre à l'intérieur de vous-même. Je le dis aux détenus de façon très directe : « Oui, vous pouvez trouver la sérénité, ici ! La paix intérieure n'a rien à voir avec ce que vous avez ou n'avez pas. Bien sûr, tout le monde préfère la liberté et un foyer confortable à la vie en cellule, mais la paix n'est pas à l'extérieur, elle est en vous. »

Lorsque les détenus assimilent cela, ils prennent conscience du fait qu'ils ont le choix : celui de se relier à la paix, à l'amour et au respect d'eux-mêmes, ou de ne pas le faire. En prison, avoir le choix est rare, et puissamment libérateur. *Le choix est une forme de pouvoir.* Les détenus sont isolés et menacés : le fait d'avoir la possibilité d'accéder à un espace en eux où règne la joie, la sérénité et la lumière est une planche de salut. Quel soulagement de prendre conscience qu'il existe un endroit où l'on a la liberté d'aller, où l'on est toujours le premier, où l'on a sa place, où l'on va découvrir qui l'on est vraiment !

Le choix est une forme de pouvoir.

Il arrive que ces condamnés à la réclusion parlent de la façon dont le programme les a reliés à ce qu'il y a de bon en eux. L'un m'a dit :

– Votre message résonne dans mon cœur. Je découvre ma force, l'amour en moi, ma nature, ma paix, ma joie, et le talent artistique que je possède.

Que peut-on changer ?

Une fois la lourde porte claquée derrière eux, de nombreux prisonniers en veulent aux autres du sort qui leur est réservé. Le transfert de responsabilité sur autrui est une forme de vengeance. Il perpétue le cycle du désespoir. Cette réaction n'est pas propre aux détenus, bien sûr : elle est commune à tout le genre humain.

Le jour où un prisonnier commence à se pencher sur lui-même, quelque chose d'intense le traverse. Il s'avise

– peut-être pour la première fois – qu'il possède plus de pouvoir qu'il ne le pensait jusque-là.

Il comprend enfin qu'il ne peut pas changer le système judiciaire ; qu'il ne peut pas changer les juges ; ni le directeur ; ni les gardiens ; ni le règlement ; ni ses codétenus ; ni son casier judiciaire. Qu'il ne peut pas changer l'histoire. Mais il comprend qu'il peut se changer lui-même. C'est une révélation.

Ce passage d'une situation désespérée à une position de pouvoir est capital, car ce sont les individus qui font la société, non l'inverse. Nous progressons ensemble et chacun pour et en soi-même, y compris les hommes et les femmes incarcérés. Si les individus vivant au sein d'une collectivité ne sont pas forts, celle-ci présentera toujours des faiblesses. S'il est impossible aux individus de changer, alors la société se trouve en danger. À maintes reprises, dans les prisons du monde entier – y compris chez les ex-combattants –, j'ai pu constater que la paix était possible.

Faut-il être ouvert d'esprit et réceptif pour se connecter à cela ? Je ne sais pas. Peut-être suffit-il d'être prêt à écouter. Je sais qu'un certain nombre de détenus sont venus à leur premier atelier pour la paix parce qu'on leur avait dit qu'ils recevraient un stylo et un bloc de papier. Mais comme ils étaient là, ils ont commencé à écouter – puis à entendre vraiment –, et cela a changé leur vie.

Dans les prisons, je vois des guerriers qui finissent par gagner leur combat intérieur, et il est poignant d'assister à leur transformation. Ce programme leur fournit une stratégie très simple pour remporter cette guerre à mener contre soi, avec une puissante armée de forces intérieures prêtes à se mettre debout pour la paix.

Libérez-vous

Il m'arrive de quitter une maison d'arrêt et de retourner dans le monde extérieur avec le souvenir de ces détenus souriants, pour ensuite me retrouver avec des gens dits « normaux », mais assez malheureux. Être coupé de la paix intérieure est une condamnation à perpétuité, que ce soit en prison ou dehors. Les peurs, les attentes et les préjugés sont pareils à des murs, à des portes fermées et à des barreaux. Et celui ou celle qui vous rend la vie infernale dans cette prison, c'est vous. Il n'y a aucune possibilité de libération conditionnelle, à moins que vous ne choisissiez de faire changer les choses. La prison la plus pénible est la prison intérieure. La guerre la plus violente est la guerre intérieure. Le pardon le plus libérateur est le pardon intérieur. La paix la plus puissante est la paix intérieure.

Quelles que soient les circonstances, que ce soit dans ou hors d'une prison, il est temps de reconnaître que la liberté intérieure est entre vos mains. Même si la vie est loin d'être parfaite, tout le monde peut ressentir en soi la perfection de cette paix, c'est un choix. Ne sous-estimez pas l'ampleur de la transformation qui s'opère lorsque vous vous reliez à votre moi véritable et que vous vous libérez de vos chaînes pour connaître la paix intérieure.

À propos de cette rencontre avec votre véritable moi, voici une histoire qui a trouvé écho chez les détenus de la prison d'État de Dominguez à San Antonio, au Texas, quand je la leur ai racontée. Elle peut avoir son utilité lorsqu'il nous arrive d'oublier notre pouvoir.

Il y a longtemps, le vent et le soleil entrèrent en compétition. Qui est le plus puissant des deux ? Et ils se disputaient.

– C'est moi, dit le soleil. Je suis ce que je suis.

– Oui, mais je pense être plus puissant que toi, lui répliqua le vent. Voici comment nous allons résoudre la question : tu vois cet homme qui marche ? Il porte une veste et je parie que, grâce à mon pouvoir, je peux le forcer à l'enlever.

– Vas-y, dit le soleil.

Le vent se leva. Plus il soufflait, plus l'homme s'accrochait à sa veste. Et le vent souffla de plus en plus fort. L'homme se cramponnait de plus en plus à sa veste. Le vent insista, s'obstina, mais l'homme était si fermement agrippé que le vent finit par s'épuiser et abandonna la partie.

Puis ce fut le tour du soleil. Il n'eut rien d'autre à faire que de briller. Et, comme il rayonnait tant et plus, l'homme enleva sa veste pour se sentir plus à l'aise.

Qui que nous soyons et où que nous nous trouvions sur terre, il y a en chacun un soleil qui attend de briller. Laissons-le irradier.

CHAPITRE 9

Quelques notes sur l'amour

Mon prénom, Prem, m'a été donné à la naissance. En hindi, *prem* signifie « amour » – une forme pure et inconditionnelle d'amour dénué d'attente.

L'amour se présente sous de nombreuses formes, et il façonne une grande partie de notre vie. Il élève certains d'entre nous jusqu'aux plus hauts sommets et les plonge ensuite jusqu'aux tréfonds du désespoir. Toutefois il existe des façons de penser et d'éprouver l'amour qui le font rayonner d'une manière constante dans nos vies, plutôt que de nous submerger dans une tempétueuse alternance de joie et de peine.

Ce qui m'intéresse dans l'amour, ce n'est pas tant ce que nous projetons sur les autres ou sur le monde extérieur, que la façon dont nous le vivons en nous-mêmes. Ce chapitre présente tantôt des observations personnelles, tantôt quelques lignes de merveilleux poètes et écrivains. Chaque paragraphe constitue une « note » autonome. On peut les comparer à des moments dans une conversation : des points de départ plutôt que des conclusions.

L'amour n'a pas besoin de raison

Pour exister, l'amour n'a pas besoin de raisons objectives. Les attentes changent. Les désirs aussi. Donc les relations se transforment. Mais le véritable amour est toujours là, en nous. Nous n'avons pas le pouvoir de le donner, pas plus que celui de l'exiger. L'amour est une force, une grâce et une beauté intérieures.

L'amour est un absolu en soi

Comment un arbre donne-t-il de l'ombre ? Il ne fait rien. Il est juste lui-même, et c'est ainsi qu'il offre protection. Une rivière prétend-elle pouvoir étancher votre soif ou vous approvisionner en poissons ? Non, elle coule, et les gens y trouvent ce dont ils ont besoin. Le vent exige-t-il qu'on lui témoigne du respect pour gonfler les voiles des bateaux ? Non, il va simplement où il va. Comment pouvez-vous aider ceux que vous aimez ? En étant vous-mêmes.

L'amour est simple

Quelques vers du poète Kabîr :

> Au marché je souhaite
> le bonheur à chacun
> Personne n'est mon ami.
> Personne n'est mon ennemi.

L'amour est aussi simple que cela.

L'amour est un feu

Si vous avez déjà assisté à un cours de yoga, vous savez que beaucoup de participants ont du mal à garder leur équilibre. « Trouvez votre centre ! » dit le professeur aux rangées d'élèves chancelant sur une jambe. Notre stabilité émotionnelle peut, elle aussi, être difficile à atteindre, mais je peux vous indiquer où se trouve votre centre : dans votre cœur. *Votre cœur est votre véritable refuge.*

Nous nous sentons perdus, désorientés, quand nous avons oublié le chemin du retour vers le cœur. Le mot « foyer » vient du terme latin *focus* qui désigne le lieu où l'on fait du feu, autrement dit l'âtre, qui est le cœur de la maison. Lorsque nous sentons ce feu brûler en nous, nous savons que nous sommes chez nous ; nous savons que nous aimons.

Le mot « foyer » vient du terme latin* focus *qui désigne le lieu où l'on fait du feu, autrement dit l'âtre, qui est le cœur de la maison. Lorsque nous sentons ce feu brûler en nous, nous savons que nous sommes chez nous ; nous savons que nous aimons.

L'amour rayonne

Lorsque le Soleil et la Lune sont dans la bonne position l'un par rapport à l'autre, le miracle se produit et la lune brille. Lorsque nous exprimons notre gratitude pour ce qui nous est donné, l'amour de la vie nous fait rayonner. Nous avons tous ce potentiel en nous.

L'amour est en nous

Voici deux courts poèmes de la grande poétesse mystique hindoue Lalla Ded, qui vécut au XIVe siècle dans la province du Cachemire. Dans sa quête spirituelle, elle défia les conventions sociales en quittant son mari et son foyer pour devenir poétesse et chanteuse ambulante.

J'étais passionnée,
Pleine de désirs,
J'ai cherché loin.
Mais le jour où la Vérité
M'a trouvée,
J'étais chez moi.

*

Tu es la terre, le ciel,
L'air, le jour, la nuit.
Tu es le grain,
La pâte de santal,
L'eau, les fleurs
Et tout ce qui existe.
Que puis-je t'apporter
En offrande ?

L'amour vit dans l'instant

Récemment, je travaillais tout en écoutant une chanson inspirée d'un poème de Kabîr. Les paroles et la musique étaient si merveilleusement assorties que je m'interrompis pour me consacrer à l'instant présent. Le poète invite à ne pas remettre la plénitude au lendemain, mais à la ressentir sur le moment. Si vous avez soif, buvez dans l'instant. Si vous avez faim, mangez dans l'instant.

Nous ne pouvons vivre que dans cet instant appelé « maintenant », nous ne pouvons donc aimer que dans l'instant. Si nous considérons l'amour comme un phénomène qui s'est produit dans le passé et se produira dans l'avenir, nous pouvons le laisser s'échapper lorsqu'il advient dans le présent. L'amour n'a pas de futur : il est maintenant ou jamais. Au contraire, ouvrons notre cœur au moment présent et nous rencontrerons une part du divin : non le rêve de se sentir aimé demain, mais l'expérience réelle de ressentir l'amour, aujourd'hui, dans notre cœur.

Pas plus qu'il n'est en notre pouvoir de contrôler les marées, nous ne pouvons maîtriser le flux de l'amour. Il va là où il se sent bien.

L'amour chante une chanson douce

Je vous propose une variation sur un conte de fées de Hans Christian Andersen, inspiré par son amour sans retour pour la chanteuse d'opéra Jenny Lind dont le surnom était « le rossignol suédois ».

> Il était une fois un roi qui aimait le chant du rossignol. Au crépuscule, il ouvrait sa fenêtre, et un oiseau venait se poser sur le rebord et chantait pour lui. Ces moments lui mettaient une grande joie au cœur.

Pas plus qu'il n'est en notre pouvoir
de contrôler les marées,
nous ne pouvons maîtriser
le flux de l'amour.
Il va là où il se sent bien.

Un jour, un monarque d'une autre province lui envoya un rossignol mécanique. Le roi se réjouit, et pensa : « Quel beau cadeau ! Maintenant, je n'ai plus besoin d'attendre l'arrivée de l'oiseau le soir. Il me suffit de remonter ce petit objet pour qu'il chante pour moi. »

Il cessa donc d'ouvrir sa fenêtre, et le rossignol ne vint plus.

Le roi tomba amoureux de cet oiseau mécanique. Sur son ordre il chantait, et à toute heure du jour. Et comme il était beau, avec sa parure d'or et de diamants !

Le roi ordonnait à l'oiseau de chanter chaque fois qu'il en avait envie, et le volatile s'exécutait sans exception. De plus en plus souvent, le roi le priait de faire entendre son chant. Plus l'oiseau chantait pour lui, moins sa musique comblait le monarque. Néanmoins, il demandait toujours à l'oiseau mécanique de chanter, matin, midi et soir.

Un jour, le rossignol mécanique tomba en panne. Il fut envoyé chez les artisans les plus compétents du royaume, mais aucun ne parvint à réparer le mécanisme.

Le roi ne tarda pas à tomber malade. Il avait besoin d'entendre le chant du rossignol, il le désirait de toute son âme. En son absence, tout était affreusement silencieux. Le roi restait allongé sur son lit, et rien de ce que ses courtisans lui racontaient ne pouvait le consoler. Tout son peuple, tout son entourage avaient le cœur lourd, ils craignaient que le roi ne perde la vie.

Au bout d'un certain temps, le roi donna l'ordre à ses soldats de partir à la recherche du rossignol qui vivait dans la forêt et qui autrefois chantait pour lui. Ils ne le trouvèrent pas.

Une nuit, alors que tout était silencieux dans le château, le roi alla à sa fenêtre, l'ouvrit et resta là, à observer la forêt. Il souhaitait passionnément que le vrai rossignol revienne et il l'appela doucement :

– Rossignol, s'il te plaît, reviens ! Je sais que j'ai eu tort. Tu es libre d'aller et venir comme tu le souhaites, c'est ce qui rend ton chant encore plus beau. Tu n'es pas à mes ordres, je veux me conformer à tes désirs. S'il te plaît, aie pitié de moi !

Ce soir-là, juste après le coucher du soleil, il entendit un battement d'ailes, dehors. Le rossignol se posa sur le rebord de sa fenêtre et se mit à chanter. Le roi fut rempli de bonheur.

– Merci d'être venu, dit-il au rossignol.

– Merci d'avoir ouvert ta fenêtre, répondit l'oiseau.

Aimez ce qui est

Le stoïcien Épictète écrit : « Si vous désirez ardemment voir votre fils, votre ami ou votre partenaire alors qu'il ne vous est pas donné de le voir, sachez que vous désirez ardemment une figue en hiver. » Cela peut ressembler à une marque d'insensibilité de la part d'Épictète, pourtant sa philosophie est bienveillante. Parfois, l'absence, la perte et le rejet sont si douloureux que nous nous réfugions dans la représentation imaginaire des choses et des êtres tels que nous les voulons. C'est une forme d'autoprotection, mais la douleur vient toujours quand l'illusion se dissipe.

Si nous voyons clairement la réalité, nous commençons à apprécier ce qui est, au lieu de nous laisser distraire par ce qui n'est pas. Nous nous libérons de la nostalgie de cette figue en hiver et, au lieu de cela, nous aimons ce que nous possédons.

L'amour est indestructible

Mirabaï, connue également sous le nom de Meera, est née au XVIe siècle en Inde. Beaucoup la considèrent comme une grande mystique. Elle a composé des poèmes émouvants qui expriment à la fois ses sentiments de profonde union spirituelle et émotionnelle avec la divinité Krishna, et la douleur de la séparation physique d'avec lui. Ses *bhajans* (chants religieux) dépassent le simple domaine de la dévotion. Écrits sous forme de couplets, ce sont des chants dont toute l'humanité pourrait bénéficier. Pour Mirabaï, l'amour est un don et non une possession, et, lorsque le véritable amour est donné, deux cœurs unis ne font plus qu'un. Elle mena une existence très particulière – sa belle-famille lui demanda à plusieurs reprises de mettre fin à ses jours, par exemple –, mais cela pourrait occuper toutes les pages restantes de ce livre. Je me contente de partager ici l'une de ses odes à l'amour.

Impérissable, ô Seigneur,
Est l'amour
Qui me lie à Toi :
Comme un diamant,
Il brise le marteau qui le frappe.

Mon cœur s'imprègne dans le Tien
Comme la cire dans de l'or.
Tel le lotus qui vit au sein de l'eau,
Je vis en Toi.

Comme l'oiseau
Qui toute la nuit
Contemple la lune décroissante,
Je me suis perdue en Ton sein.

Ô, reviens, mon Adoré.

L'amour n'est pas toujours aisé

Il y a de nombreuses années, lors d'un séjour en Sardaigne avec ma famille, je sortais de notre voiture de location quand mon fils, encore petit à l'époque, m'a claqué la portière sur le doigt. Je ne sais pas si ça vous est jamais arrivé, cela fait très mal. Vraiment mal. Quand j'ai regardé les yeux de mon fils, j'ai vu qu'il souffrait lui aussi, mais d'une manière différente. Son visage exprimait clairement cette pensée : « Oh, qu'est-ce que j'ai fait ! »

J'ai alors compris que, même si j'avais mal au doigt, je ne devais pas me sentir blessé pour autant. Qu'est-ce que cela m'apporterait de me mettre en colère contre cet enfant ? J'ai regardé son visage et j'ai pensé : « Je peux faire disparaître sa souffrance par ma façon de réagir. » Alors je lui ai dit :

– Tu sais, j'ai besoin de faire une promenade ; tu veux venir avec moi ?

Pendant la promenade il n'arrêtait pas de demander :

– Papa, ça va, ton doigt ?

– Oui, ça va, tout va bien, lui ai-je répondu.

Un petit mensonge. Ma main tremblait. Je souffrais et il n'avait pas besoin de le savoir.

En toute honnêteté, il m'a fallu là faire un gros effort conscient pour y arriver. Car je sentais qu'une partie de moi-même avait encore envie de crier : « Pourquoi as-tu fait ça ? »

Ma douleur s'est-elle trouvée augmentée ou diminuée de ne pas hurler contre lui ? Non, la souffrance physique est restée la même, mais la douleur émotionnelle a rapidement disparu. Même si ce n'est pas toujours facile, pour faire un choix conscient vers la bienveillance, il faut se tourner intérieurement vers l'amour.

Aimez-vous d'abord

Parfois, nous nous tournons vers les autres pour combler ce qui nous semble être un vide intérieur. Je vois des amis qui s'occupent de tout le monde dans leur vie, sauf d'eux-mêmes.

Certains craignent tellement d'être seuls qu'ils sacrifient leur bien-être pour le bonheur des autres. Pourtant, si nous ne nous aimons pas nous-mêmes, pourquoi quelqu'un d'autre devrait-il nous apprécier ? Nous devons d'abord nous aimer nous-mêmes.

L'amour est dans votre cœur

Voici quelques vers du poète Rumi :

> À la minute où j'ai entendu ma première histoire d'amour,
> J'ai commencé à te chercher, ne sachant pas combien j'étais aveugle.
> Les amoureux ne se rencontrent pas quelque part,
> Ils sont l'un dans l'autre depuis toujours.

L'amour est réel

Voici un poème de Rabia al Basri, née en Irak, qui vécut au VIIIe siècle et que certains considèrent comme la première grande poétesse mystique de la tradition soufie.

> Entre l'amant et le bien-aimé, il n'y a pas de distance,
> Ni de parole que par la force du désir,
> Ni de description que par le goût.
> Car qui goûte sait,
> Et qui décrit fabule.
> En vérité, comment peux-tu décrire quelque chose
> Quand en sa présence tu t'effaces ?
> En son existence, tu existes encore ?
> En sa contemplation, tu es défait ?

L'amour au-delà des mots

Il arrive que nous soyons émus par les récits sur l'amour. Les mots même de l'amour peuvent nous rester en mémoire et raviver sa présence. Pensez aux mots doux et éloquents qui viennent aux lèvres des amoureux aux premiers jours intenses et fragiles d'une relation. Pensez aux serments prononcés lors des mariages. Pensez aux sages conseils que nous prodiguons aux enfants. Pensez aux mots bienveillants que nous utilisons pour célébrer la famille et l'amitié. Pensez aux discours des grands dirigeants lorsqu'ils sont en lien avec leur peuple. Pensez aux éloges funèbres sincères que nous prononçons lors des funérailles.

Et pourtant, dans sa forme la plus pure, l'amour transcende le langage. Lorsque nous allons au fond, au plus profond de nous-mêmes, les mots s'éloignent. Lorsque nous voyageons intérieurement, nous nous trouvons au-delà du temps, au-delà des images, au-delà des idées, au-delà des définitions, au-delà des étiquettes, au-delà du langage. Dans cet univers de paix, nous sommes en mesure de rencontrer le bonheur d'aimer et d'être aimé de façon absolue.

Aimez votre vie

Chaque instant nous offre la possibilité de profiter du don de la vie et de l'apprécier. En ce moment même, nous pouvons nous éloigner de l'obscurité pour nous tourner vers la lumière de la reconnaissance, et sentir l'existence s'écouler à travers nous. Ce faisant, nous aimons ce qui nous est destiné. Chaque jour, nous pouvons choisir d'aimer notre souffle. D'aimer notre joie. D'aimer notre clairvoyance. Nous pouvons tomber amoureux de la vie.

À chaque souffle, nous sommes capables d'accepter cette grâce qu'est la vie. À ce moment-là, notre cœur se remplit de gratitude qui apporte davantage d'amour encore. Et ainsi se déroule un cycle sans commencement ni fin.

À chaque souffle, nous sommes capables d'accepter cette grâce qu'est la vie. À ce moment-là, notre cœur se remplit de gratitude qui apporte davantage d'amour encore. Et ainsi se déroule un cycle sans commencement ni fin.

Nous ne choisissons pas que le souffle vienne, mais

nous pouvons choisir d'aimer chaque souffle. Et quel est l'effet de ce choix sur notre corps ? Le début d'un sourire.

Faites le choix d'aimer.

CHAPITRE 10

Ciel et enfer

Un homme qui se promenait sur la crête d'une haute montagne trébuche soudain et tombe en chute libre, jusqu'à ce qu'il puisse saisir la branche d'un arbuste qui avait poussé dans une fissure de la paroi. Accroché à cette branche, il regarde en bas et voit que le sol est très, très loin sous ses pieds. Lorsqu'il lève les yeux, il constate qu'il lui sera impossible de grimper, la falaise étant verticale et sans la moindre prise. Il commence à sentir les muscles de ses bras se fatiguer.

Le désespoir l'envahit. Ses bras lui semblent de plus en plus lourds, de plus en plus faibles. Finalement, sur le point de lâcher prise, il s'écrie :

– Mon Dieu, aidez-moi, je ne veux pas mourir ! Aidez-moi !

Soudain, une voix retentissante se fait entendre, venue du haut des cieux :

– Très bien. En témoignage de ta foi, lâche cette branche, et je te sauverai.

L'homme regarde le haut de la falaise, le sol en contrebas. Puis il appelle :

– Il n'y a pas quelqu'un d'autre, là-haut ?

Quand on jette de la menue monnaie à Dieu

Avant de faire un commentaire sur cette histoire, il faut que je vous donne quelques précisions sur l'environnement religieux dans lequel j'ai grandi. J'ai appris à connaître les diverses sociétés et religions nées dans l'Himalaya, qui ont donné lieu à tant de différentes pratiques, dont le soufisme, le bouddhisme ou le sikhisme. Dans mon école, on nous enseignait également le catholicisme. Mais je vivais la plupart du temps entouré d'une extraordinaire dévotion hindoue.

De fait, ma mère était une fervente hindoue. Mon père, lui, ne partageait pas ses convictions, car il était en quête de connaissance plutôt que de croyances. Il avait passé sa vie à chercher la sagesse, et à en témoigner. Pour lui, elle ne se trouvait pas dans les livres et n'était pas inscrite dans la pierre.

Chaque fois que nous quittions la ville en famille, nous apercevions des temples en bord de route. Il était habituel que les voyageurs baissent la vitre de leur voiture pour lancer une pièce de monnaie à Dieu, tandis que des gens se tenaient là pour ramasser les pièces et les apporter dans le temple – même si je me doutais bien que certaines finissaient dans leurs poches. Lorsque nous passions devant un sanctuaire, ma mère ne manquait pas de lancer sa pièce de monnaie, et mon père lui demandait systématiquement : « Pourquoi fais-tu cela ? » Elle répondait : « Pour aller au ciel. » Et mon père rétorquait : « Donne-moi l'argent, et je ferai en sorte que tu ailles au ciel. » Alors elle se contentait de lever les yeux, de baisser la vitre et de jeter la pièce, toute à sa dévotion.

J'étais assis à l'arrière de la voiture et, en grandissant, les échanges de ce genre me firent réfléchir. Je pouvais comprendre l'aspiration de ma mère, mais j'avais de plus en plus l'impression qu'elle ne faisait que reproduire le geste rituel de tout le monde, un peu comme les élèves répètent par cœur une leçon. N'y a-t-il pas quelque chose d'étrange à lancer une pièce de monnaie à la face de Dieu ? Au moins, prenez la peine de vous arrêter !

Comme on peut l'imaginer, le scepticisme de mon père le fit entrer en conflit avec un grand nombre d'hindouistes traditionnels. Un jour, alors qu'il visitait un lieu saint où se pressait une foule de fidèles, il vit un homme debout sur une jambe, qui priait Dieu en silence. Devant lui, une pancarte indiquait qu'il se tenait ainsi sur cette jambe depuis de nombreuses semaines, sans dire un seul mot. Mon père s'approcha de lui :

– Oh ! mon Dieu, pourquoi avez-vous donné une deuxième jambe à cet homme ? Il ne l'utilise pas. Et pourquoi avez-vous donné une bouche à cet homme ? Il ne s'en sert pas non plus.

Le type se mit alors dans tous ses états.

– Comment osez-vous dire ça ! s'écria-t-il.

En même temps, sa deuxième jambe redescendit sur le sol.

Qu'est-ce que vous êtes ?

Les gens me questionnent souvent sur mes croyances religieuses. Ils me demandent :

– Vous êtes quoi ?

Je réponds généralement :

– Je suis un être humain.

Je n'aime pas la façon dont on définit le type de croyant que l'on est. Dès qu'une personne répond à cette question par un

« grand mot » comme hindou, chrétien, musulman, juif, sikh, bouddhiste, athée, jaïn, taoïste, shintoïste, baháí, etc., elle se trouve enfermée dans un carcan d'expectatives. Alors que ce pourrait être le point de départ d'une conversation entre deux esprits ouverts, c'est rarement le cas. Quoi qu'il en soit, au lieu de : « Qu'est-ce que vous êtes ? », la question « Pourquoi êtes-vous… ? » ne serait-elle pas plus intéressante à poser à quelqu'un ?

Il n'est sans doute pas surprenant que mon propre sentiment religieux soit plus proche de celui de mon père que de celui de ma mère. Le sacré est extrêmement important pour moi, il a tout façonné dans ma vie. Pour autant, je ne me sens pas religieux.

Au fil des ans, j'ai rencontré de nombreuses personnes de différentes traditions religieuses, et certaines d'entre elles m'ont semblé être tout à fait éclairées. Je sais que la spiritualité a été une source de grande joie et de soutien pour pas mal de mes amis. J'ai apprécié et retenu des conversations intéressantes avec des croyants sur le thème du divin, mais je ne partage leur foi en un paradis « là-haut ». Je suis plus intéressé par la connaissance du divin en moi, ici-bas.

Un jour, en Asie, je remarquai qu'un grand nombre de temples étaient situés au sommet des montagnes, et me demandai pourquoi. Les hommes vivent à leurs pieds. N'est-ce pas à ce niveau que les temples devraient être bâtis, afin que les fidèles puissent s'y rendre facilement ?

Qui est plus grand que Dieu ?

Une floraison d'histoires drôles, en Inde, traite de sujets religieux. En voici une que j'aime particulièrement, elle date de l'époque d'Akbar et de Birbal, au XVIe siècle.

Un jour, un poète arriva à la cour du grand empereur moghol Akbar. Il chanta et récita de magnifiques poèmes en son honneur. L'empereur en fut très heureux, d'autant plus que les vers ne faisaient que souligner sa grandeur. Akbar offrit un bijou au poète, qui composa derechef d'autres poèmes, plus beaux et plus élogieux encore que les précédents. Akbar ne manqua pas d'offrir d'autres joyaux à leur auteur, dont chaque nouvelle composition contait toujours plus de merveilles sur lui.

– Tu es le plus grand, le plus merveilleux, tu es si bon…

Et ainsi de suite.

Jusqu'à ce que, à court d'éloges, le poète s'écrie :

– … et tu es plus grand que Dieu !

Toute la cour en eut le souffle coupé. Jusque-là, les courtisans avaient renchéri : « Oh oui, oh oui, oh oui ! » après chaque nouveau poème, ne voulant en aucun cas contrarier Akbar. Là, tous se figèrent, consternés. De telles paroles ne pouvaient être approuvées.

Akbar parcourut des yeux toute sa cour.

– Alors, suis-je vraiment plus grand que Dieu ?

Personne n'osa piper mot. « Oui ! » signifierait se faire trancher la tête, et « Non ! », être décapité.

Le silence régnait dans la salle. Puis les courtisans portèrent leur regard sur le plus intelligent et le plus spirituel d'entre eux, Birbal. Son esprit brillant était une source de tension entre lui et les autres conseillers, qui enviaient sa relation privilégiée avec leur souverain.

Finalement, un courtisan prit la parole :

– Votre Majesté, peut-être Birbal pourrait-il répondre à cette question ?

– Bonne idée, déclara l'empereur. Dis-moi, Birbal : suis-je vraiment plus grand que Dieu ?

Birbal réfléchit un instant.

– Puis-je revenir vers vous demain sur ce point, Majesté ?

L'empereur parut s'impatienter un peu, néanmoins il lui accorda le délai demandé.

Le lendemain, la cour se réunit et Birbal se présenta. Les courtisans étaient ravis. « C'en est fait de lui ! chuchotaient-ils entre eux. S'il dit oui, il est perdu. S'il dit non, il est fichu. »

– Alors Birbal, as-tu réfléchi ? Suis-je plus grand que Dieu ?

– Votre Majesté, dit Birbal, j'ignore si vous êtes plus grand que Dieu, mais il y a une chose que vous pouvez faire et que Dieu Lui-même ne saurait pas faire.

– Quoi donc ? s'étonna le souverain. Y aurait-il quelque chose que je peux faire et que Dieu Lui-même ne pourrait faire ?

– Si vous voulez chasser quelqu'un de votre royaume, répondit Birbal, vous pouvez le faire ; mais si Dieu veut chasser quelqu'un, où celui-ci pourrait-il aller puisque le royaume de Dieu est partout ?

Il en va de même pour nous tous, au fond de nous. Chacun, quelles que soient ses croyances, ses actions et son éducation, est accueilli dans le royaume divin. Nul n'en est jamais expulsé.

Le divin en nous

Vous devriez avoir le droit de croire ce que vous voulez. Je respecte la liberté de chacun de créer une relation avec son propre Dieu, ou avec aucun Dieu du tout. Mon Dieu est la puissance universelle qui était là avant nous, qui est partout autour de nous à présent et qui sera encore là après nous. Voici quelques mots du poète indien Kabîr à ce propos :

> Comme il y a de l'huile dans la graine de sésame,
> Comme il y a du feu dans le silex
> Ainsi est le divin en vous.
> Si vous le pouvez, éveillez-vous à cela.

Le temps de l'homme sur terre prendra fin. Le temps de cette planète arrivera à son terme. Les étoiles que nous voyons illuminer le ciel disparaîtront. Mais le divin indéfini continuera. Pendant tout le temps où nous sommes en vie, il se déplace à travers nous, et un incroyable état de grâce s'installe en nous : c'est une énergie qui nous traverse à chaque respiration, nous permettant d'*être*. Tel est mon Dieu à moi.

Mon Dieu est bon, non pas parce qu'il exauce mes souhaits, mais parce qu'il permet à l'univers d'exister. Et en cela, il y a de la bonté. Ce n'est pas un Dieu qui gouverne un ciel au-delà des nuages, mais un Dieu qui offre la possibilité d'un paradis pour chaque créature, pour toute existence.

Mon sens du divin va au-delà du bien ou du mal : il *est*, tout simplement. Pour vraiment l'apprécier, il faut regarder à travers les yeux du divin. Il n'a pas d'attributs humains. Vous n'êtes pas le divin, mais il n'est pas distinct de vous. Quand on fait du thé dans une théière, le thé reste du thé et la théière reste une théière. La théière n'est pas faite de thé, elle en contient. Nous sommes des récipients qui abritent le divin.

Nous nous faisons des idées sur ce qui est bon et mauvais pour nous. Il convient de nous en débarrasser si nous voulons ressentir le divin qui habite en nous. Il nous faut passer du mental au cœur. Nous sommes pleins d'attentes et d'interprétations ; or, pour avoir la chance de rencontrer le divin, pas le moindre jugement ne doit intervenir. Le divin se situe au-delà de la douleur et du plaisir, au-delà des idées et des concepts, au-delà du jugement. Nous avons bien du mal à comprendre ce que représente l'absence de jugement. Un être humain peut-il faire l'expérience du divin ? Ce n'est pas une tâche ordinaire, et pourtant c'est *possible*.

Le divin se situe au-delà de la douleur et du plaisir, au-delà des idées et des concepts, au-delà du jugement. Nous avons bien du mal à comprendre ce que représente l'absence de jugement. Un être humain peut-il faire l'expérience du divin ? Ce n'est pas une tâche ordinaire, et pourtant c'est **possible.**

Trouver le divin

Le monde est vaste et les hommes sont des milliards. Chacun a ses propres idées sur la vie, son sens et la façon dont elle est apparue. Des milliers de civilisations ont existé avant nous et on peut espérer qu'il y en aura encore beaucoup après. Même si chaque culture a son approche de la foi, la paix intérieure peut toujours faire bon ménage avec les croyances religieuses de chacun.

Je ne ressens pas le besoin du réconfort d'une vie après la mort, mais je suis conscient et respectueux du fait que d'autres y croient et en ont besoin. Pour ma part, j'ai besoin de me relier à l'infini sentiment de paix qui est là, en moi, ici et maintenant. Je désire ressentir le divin dans mon cœur. Le saint et poète indien Tulsidas a écrit au XVIe siècle :

> Seuls les saints qui connaissent l'âme du corps ont atteint l'Ultime, ô Tulsi. Prends-en conscience, et tu auras trouvé ta liberté, alors que les maîtres prisonniers de la tradition ne voient qu'un mirage dans leur miroir.

Voir le divin en soi

La découverte du divin en moi est une expérience qui a illuminé ma vie, et je sais que bien d'autres ressentent la même chose. Cependant il est vrai que c'est un lien qui nous échappe parfois. Le divin peut se dérober à nous lorsque les bruits de notre mental nous distraient et nous détournent de la clairvoyance de notre cœur.

Je me souviens d'une histoire qui est un doux rappel du bienfait que l'on ressent à se connaître pleinement, à condition de ne pas se laisser tromper par les attentes de notre mental.

> Tout en haut d'une colline était perché un vieux village perdu, sans électricité ni aucune technologie. Au cœur de ce bourg, dans une jolie maison, vivait un couple. C'était un foyer simple et heureux. L'homme disposait d'une pièce qui

lui était réservée, où il allait tous les jours prier pendant une heure.

Un jour, un voyageur passa par là – événement exceptionnel. Il avait grand besoin de se rafraîchir après sa longue ascension de la colline, aussi laissa-t-il son sac à dos sur le seuil de cette maison, avant de se rendre à la rivière la plus proche.

En sortant de sa demeure, l'homme aperçut cet inhabituel sac à dos et l'ouvrit. Il y avait là des vêtements et des bottes de rechange, mais également un miroir. Il n'en avait jamais vu de sa vie. Il le sortit du sac, regarda dedans, et fit un bond en arrière sous le choc. Puis une félicité l'envahit : il avait enfin vu le visage qu'il avait prié durant toutes ces années. Il avait toujours imaginé que la divinité ressemblait à son père, et, désormais, il savait que c'était vrai. L'homme emporta l'objet et le posa sur la table de sa salle de prière. Maintenant qu'il voyait réellement la représentation de sa divinité, il se mit à prier des heures durant, soir après soir.

Son épouse remarqua rapidement que son mari passait de plus en plus de temps dans sa pièce privée. Elle finit par penser qu'il avait trouvé une autre femme et qu'il la cachait là. Un jour qu'il était sorti, elle y pénétra en catimini. Bien sûr, elle vit le miroir, le premier de sa vie, et faillit s'évanouir. « Pas étonnant qu'il ne sorte plus d'ici, se dit-elle. Il est fou amoureux de cette belle femme dans ce tableau ! »

Furieuse, elle empoigna l'objet et l'apporta au prêtre du village, un homme aux longs cheveux gris et à la grande barbe argentée, aux yeux brillants et au sourire radieux. Elle raconta au prêtre ce qui s'était passé ; il l'écouta attentivement. Lui non plus n'avait jamais vu de miroir. Il le prit, regarda dedans et aussitôt exulta :

– C'est la divinité que je prie tous les jours ! s'exclama-t-il.

Et il rentra dans son temple et posa le miroir au centre de l'autel.

Quand l'homme, la femme et le prêtre se regardent dans leur miroir, ils ne se reconnaissent pas : ils y voient leurs croyances. Pourquoi ? Si l'on ne se connaît pas soi-même, on est incapable de voir qui l'on est vraiment.

Les deux moines

Voici un autre récit qui illustre la différence entre une personne qui mène une vie de ferveur dans l'ouverture du cœur et de l'esprit, et une autre qui se contente de prêcher un dogme.

Deux moines faisant route vers leur monastère arrivent au bord d'une rivière. Comme il n'y a pas de pont, ils s'avisent qu'ils vont devoir traverser à gué. Or la rivière est haute et le courant fort.

Ils aperçoivent une jolie femme debout sur la rive, les yeux remplis de larmes. L'un des deux moines s'approche d'elle et lui demande :

– Que se passe-t-il ?

– Je dois me rendre au village, mais la rivière est devenue un torrent. J'ai peur d'être emportée par le courant !

– Pas de problème, lui dit le moine, je vais vous la faire traverser.

Il la hisse sur ses épaules et lui fait traverser la rivière. Il la dépose sur l'autre rive, elle le remercie et il la bénit.

L'autre moine les a suivis à travers le torrent. Tous les deux se remettent en route vers leur monastère.

Le moine qui n'a pas aidé la jeune femme reste silencieux pendant tout le trajet, jusqu'à ce qu'ils parviennent devant les murs du monastère. Soudain, il explose :

– Ce que tu as fait est choquant ! Comment un moine peut-il porter une jeune femme sur ses épaules de cette manière ? Comment as-tu osé ! Je croyais que tu avais renoncé au monde !

L'autre moine le regarde et lui répond :

– Tu sais, je n'ai fait que la prendre sur mes épaules pour lui faire traverser la rivière. Toi, tu l'as portée avec toi jusqu'ici.

Prières de reconnaissance

L'anecdote que j'ai racontée au début de ce chapitre montre la difficulté de faire le lien entre sa croyance et sa vie quotidienne. Je sais, pour avoir parlé à de nombreux amis, que la foi peut être mise à rude épreuve. Ceux qui ont le sentiment de connaître leur Dieu, plutôt que de simplement y croire, semblent souvent avoir une meilleure résistance et davantage de capacité à rebondir face aux remises en question. Le cœur peut être plus fort que le mental dans certaines situations. Je comprends aussi pleinement pourquoi l'on se tourne vers la prière lorsque l'on est confronté à des circonstances délicates. Ne pourrions-nous pas aussi envisager de prier lorsque les choses se passent bien ?

Une vraie prière, c'est lorsqu'on rend grâce, et pas seulement lorsqu'on exprime des demandes personnelles. Lors d'une guerre, n'observe-t-on pas les soldats des deux camps priant pour la victoire ?

> Un jour, un jeune homme qui se rendait à vélo à un entretien d'embauche roule sur un caillou et se retrouve avec un pneu crevé. « C'est terrible, se dit-il, à moins que je ne puisse réparer ce pneu, je n'aurai pas le poste ! » Et il se met à prier pour trouver une solution à son problème.
>
> Au détour de la rue, un jeune homme est assis devant son atelier de réparation de vélos, en train de se dire qu'à moins qu'un client ne vienne il va se retrouver au chômage. Et, de désespoir, il se met à prier.

Le malheur des uns est la réponse à la prière des autres. Mais la prière est plus profonde et plus intense lorsque nous rendons grâce simplement pour ce qui est, pas pour ce qui pourrait être. D'après mon expérience, on obtient toujours une réponse aux prières de gratitude.

Un très beau chant de Swami Brahmanand, saint indien du XVIIIe siècle, exprime l'esprit de gratitude. Il adresse ces paroles à son Dieu :

> C'est une création étonnante que tu as conçue.
> D'une simple pensée tu as créé cette œuvre,
> Sans stylo, sans papier, sans couleur tu as créé la magnificence,
> En toute chose je vois un visage, d'un seul visage tu en as fait plusieurs,
> D'une seule goutte d'eau tu as créé tous les êtres,
> Dans tous les temples du cœur tu as fait ta demeure,
> Sans colonnes et sans piliers tu soutiens cette création,
> Sans terrain tu as construit un palais enchanteur,

Sans graine tu as créé une forêt entière,
Tu vis en tous, bien qu'invisible,
Et le cœur de Brahmanand s'emplit d'une joie immense
Quand le maître me montre le soi caché en moi.

Créer le paradis sur cette terre

Quelles que soient vos croyances, il y a un paradis sur terre pour vous ici et maintenant. Qu'est-ce que le paradis ? C'est là où vous vous sentez comblé.

Nous rencontrons ce paradis lorsque nous ouvrons les yeux et le cœur, lorsque nous le ressentons dans l'ici et maintenant, lorsque nous reconnaissons la beauté d'être là, sur cette planète en ce moment présent.

Un enfant naît ; il pèse 5 kilos. La Terre pèse-t-elle 5 kilos de plus ? Non. Et lorsque la même personne meurt, elle pèse peut-être 90 kilos ; la Terre s'allège-t-elle de 90 kilos ? Non. C'est là que nous sommes : sur cette Terre.

Un roi doit mener une guerre, et il sait qu'il se tiendra au premier rang de la bataille. Contrairement à certains dirigeants politiques prompts à déclencher des hostilités, mais qui ne sont jamais en première ligne des combats, le roi sait qu'il va vivre un moment où le sang va couler. La veille de la bataille il passe la nuit à penser : « Je pourrais mourir. Si je meurs, irai-je au ciel ou en enfer ? Qu'est-ce que le paradis ? Et l'enfer ? »

Toute la nuit il s'interroge.

Au matin, le roi endosse son armure et monte sur son cheval. L'armée s'aligne derrière lui et tous se mettent en marche en direction du champ de bataille. Dans un recoin de son esprit, le monarque tourne et retourne les mêmes questions sans réponse : « Qu'est-ce que le paradis ? Qu'est-ce que l'enfer ? »

Puis, en chemin, il aperçoit un sage très vénéré venant à sa rencontre. Il galope vers le sage et lui dit :

– Arrête-toi ! Je veux te poser deux questions ! Qu'est-ce que le paradis ? Et qu'est-ce que l'enfer ?

– Je suis en retard, réplique le sage. Je n'ai pas le temps de te répondre.

Le roi, furieux, l'invective :

– Sais-tu qui je suis ? Je suis le roi ! Tu n'as pas de temps à perdre pour ton souverain ? Comment est-ce possible ?

Le sage regarde le monarque.

– Roi, maintenant, tu es en enfer.

Le roi prend un moment pour réfléchir : « Très bien, il a raison ! C'est un vrai sage. »

Il descend de son cheval et s'agenouille devant lui.

– Merci, dit-il. Tu m'as ouvert les yeux. Merci beaucoup !

Le sage le regarde.

– Roi, maintenant tu es au ciel !

La curiosité l'habitait. Où était l'enfer ? En lui. Où était le paradis ? En lui.

Quand règnent confusion, colère et peur en vous, vous êtes en enfer. Quand règnent la clarté et la gratitude, vous êtes au ciel. C'est ainsi.

Vivre au paradis

Lorsque nous apprécions l'importance de chaque moment et que nous nous émerveillons, nous sommes alors tout près de comprendre ce qu'est l'immortalité. L'instant présent est immortel parce que c'est là que nous existons. Nous faisons l'expérience d'un paradis sur terre lorsque nous vivons chaque instant en conscience, et nous y parvenons chaque fois que nous sommes conscients d'être comblés par la vie.

La sérénité est une fin en soi ; elle peut aussi transformer le monde qui nous entoure en un véritable paradis.

Quand on vit dans la plénitude, contempler le soleil levant qui monte dans le ciel est divin.

Sentir la chaleur du soleil qui se lève, faisant naître le jour et toutes ses richesses, est tout simplement grandiose.

Entendre le chœur des oiseaux à l'aube qui chantent de tout cœur est un enchantement.

Voir les rayons du soleil danser sur l'océan est une merveille.

Observer une baleine défiant la gravité pendant quelques joyeuses secondes est bouleversant.

Humer le nuage de parfums qui s'élève d'un jardin caressé par les chauds rayons du soleil est extraordinaire.

Sentir un souffle de vent frais caresser son visage est céleste.

Boire de l'eau fraîche par une journée de chaleur est un moment parfait.

Savourer le fruit le plus sucré cueilli directement à l'arbre est d'une infinie douceur.

Voir le soleil couchant plonger lentement à l'horizon, nous montrant la voie du repos, communique une grande paix.

Savoir qu'il y a toujours un lever et un coucher de soleil quelque part sur cette Terre magnifique procure la plus grande joie.

Voir les contours de la terre peints par la douce lumière de la lune est paradisiaque.

Entendre l'appel du hibou dans la sombre forêt est envoûtant.

Voir des étoiles filer au-dessus de nos têtes, de façon soudaine et sublime, est divin.

Voir sourire quelqu'un que vous aimez est divin.

Se sentir heureux est divin.

Sentir le divin dans son souffle est sublime.

Ces sentiments sont la joie de la vie elle-même. Non des pas sur un chemin vers autre chose, mais le pur bonheur d'exister. Ces émotions, ces sensations existent pour que nous puissions les savourer, quels que soient notre âge, nos croyances, le lieu où nous vivons et qui que nous soyons.

Voilà ce que l'on ressent lorsqu'on est au paradis.

Alors, qu'est-ce que l'enfer ? C'est quand nous ne sommes pas au paradis.

CHAPITRE 11

Le Soi universel

Un jour, à Dehra Dun, je remarquai en rentrant de l'école un camping-car garé devant notre maison. C'était un Commer, une marque britannique qui se distinguait donc de toutes les voitures de fabrication indienne que nous avions l'habitude de voir. Comme aucun membre de ma famille n'avait jamais quitté l'Inde, la présence de ce véhicule étranger dans notre rue piqua ma curiosité. J'avais douze ans à l'époque, et j'étais un grand fan de l'émission de télévision *The Twilight Zone*, qui abordait les mystères de la science-fiction, les extraterrestres, le suspense, etc. Aussi mon imagination s'est-elle aussitôt emballée. Qui pouvait se trouver dans cette camionnette, pourquoi étaient-ils là ?

J'étais un enfant curieux et confiant. Je me suis dirigé vers la camionnette et j'ai ouvert le hayon. J'ai eu un choc : l'arrière du véhicule était plein de gens à la peau très blanche, assis en silence et vêtus de tenues extraordinaires. Aujourd'hui, on penserait simplement : « Tiens, des hippies dans un camping-car », mais c'était complètement nouveau pour moi. Ils portaient un étrange mélange de vêtements occidentaux et indiens, et ils avaient tous les cheveux longs, y compris les hommes. Le spectacle était incroyable, et ce n'était rien comparé à l'odeur : un pot-pourri de transpiration, d'encens et d'autres parfums qui avaient eu le temps de se mêler au cours de leur long voyage dans la chaleur, se dégageait du véhicule. J'ai reculé d'un pas et essayé de comprendre ce que mes yeux et mon nez me disaient.

L'un d'eux m'a regardé, puis a agité ses doigts en guise de salut. J'ai à peine répondu, trop occupé à décoder la scène. Lentement, l'étrangeté de la situation fit place à un sentiment plus apaisé : « Ce sont là des étrangers, ils sont différents, mais ce sont des êtres humains, et ils ont l'air amicaux », ai-je pensé.

Au bout de quelques instants, je leur ai parlé et j'ai compris qu'ils étaient venus pour me voir. Ils voulaient rencontrer ce gamin qui parlait avec son cœur de la paix intérieure. Au cours des jours suivants, ils m'ont posé de nombreuses questions, je leur ai répondu de mon mieux et le respect mutuel a grandi entre nous. Leurs questions étaient en anglais, pourtant elles ne différaient pas de celles que les Indiens me posaient tout le temps.

Franchir la barrière

Ces visiteurs occidentaux sont restés un certain temps, puis d'autres les ont rejoints, et nous avons appris à nous connaître un peu mieux chaque jour. Cependant, certains membres de ma famille et de mon entourage étaient moins disposés que moi à franchir cette barrière culturelle. Ils considéraient les étrangers comme *spirituellement* impurs et se montraient aussi quelque peu méfiants à leur égard. Les voir était une chose, les rencontrer directement en était une autre.

Un jour, une Américaine est entrée dans la cuisine familiale pour demander à manger. On lui a poliment mais fermement demandé de quitter les lieux, après quoi la cuisine entière a dû être à nouveau « sacralisée », autrement dit nettoyée de fond en comble. C'était comme si une Intouchable – une personne jugée « impure » par son appartenance à une caste inférieure, ou tout simplement par sa non-appartenance au système des castes – était entrée. J'ai été choqué par la façon dont cette personne avait été traitée.

– Ce n'est qu'un autre être humain, et elle est simplement entrée pour demander à manger. Offrons-lui de la nourriture !

La réponse, négative, fut claire.

Quelques années plus tard, j'ai compris, lors de mon voyage en Afrique du Sud, que les personnes qui se sentent inférieures cherchent souvent à s'affirmer par rapport à autrui. Certains ont le sentiment qu'en exerçant une domination sur les autres, ils s'élèvent. Cette inflation de l'ego est absurde et toujours vouée à l'échec. La meilleure façon de régler un complexe d'infériorité est de développer le respect et l'amour de soi-même, non de projeter des valeurs négatives sur les autres. Lorsque nous retrouvons notre intégrité, le désir de porter préjudice ou de nuire à autrui disparaît.

Les visiteurs du minivan Commer – dont certains sont devenus des amis de toujours – avaient franchi de nombreux obstacles au cours de leur voyage jusqu'en Inde. Ils avaient vécu des expériences intenses en Afghanistan et au Pakistan. Un tel périple semble impensable à l'heure actuelle, ou serait pour le moins imprudent.

De plus en plus, les Occidentaux ont commencé à porter le *dhoti* (un tissu enroulé autour des jambes et noué à la taille) au lieu de pantalons, et la *kurta* (une tunique sans col qui descend jusqu'aux genoux) au lieu de chemises à l'occidentale. En toute honnêteté, je trouvais qu'ils avaient l'air plutôt cocasses dans ces tenues locales. À l'époque, lorsque je me déplaçais pour participer à des conférences, j'étais également vêtu d'un *dhoti* et d'une *kurta*. À l'école, en revanche, je portais un uniforme : pantalon, veste, chemise et cravate de style occidental. Ainsi, la plupart du temps, les Occidentaux étaient costumés à l'indienne et les écoliers indiens habillés à l'occidentale !

Ce n'est que lorsque je suis arrivé en Angleterre avec quelques-uns de mes nouveaux amis que j'ai découvert à quel point deux cultures peuvent être différentes. Tout m'était étranger. Je me souviens, peu après mon arrivée, de cette pensée qui m'a traversé l'esprit : « Je ne suis plus en Inde. » Ce n'était pas seulement une idée, c'était le sentiment profond de la distance qui me séparait de chez moi. C'était en juin 1971, et je ne savais pas alors que je ne retournerais en Inde qu'en novembre.

Le jour de mon arrivée à Londres, je me suis rendu dans une maison louée pour moi. Après avoir pris un bain, je suis descendu au salon et me suis installé sur un canapé pour essayer de me remettre du décalage horaire. J'étais entouré d'un groupe de personnes assises sur le tapis, que je n'avais pour la plupart jamais rencontrées et qui me dévisageaient. Pas un mot ne fut échangé entre nous au début, puis, tout doucement, nous avons commencé à nous parler, et c'est avec beaucoup de chaleur qu'ils m'ont ainsi accueilli.

Dès ces premiers jours, j'ai manifesté une volonté sincère de respecter les Anglais. Partout où je vais, tout en arrivant avec ma propre culture, je tiens toujours à respecter celle de la nation qui m'accueille. Bien que je voyage dans le monde entier, mon foyer se trouve maintenant aux États-Unis et, en tant qu'immigrant, j'ai voulu m'intégrer à la culture locale et y apporter ma contribution. Je crois essentiel que les immigrants veillent à ce rééquilibrage.

Lorsque les Parsis s'enfuirent d'Iran pour aller se réfugier en Inde, au VIIIe siècle, ils s'y heurtèrent à une forte résistance de la part des populations locales qui estimaient le pays déjà surpeuplé et ses ressources en nourriture et en eau insuffisantes. Un jour, comme il recevait une délégation de Parsis de haut rang, le roi Jadi Rana demanda qu'on lui apporte un verre de lait ainsi qu'une petite cruche pleine de lait. Il désigna le verre et déclara :

– Tout comme ce verre, nous sommes pleins. Si on en rajoute, ce pays va déborder.

Il saisit la cruche et versa du lait dans le verre ; le liquide se répandit sur le sol.

Alors un membre de la délégation s'avança et, respectueusement, prit le verre de la main du roi, sortit un peu de sucre de sa poche et le mélangea au lait.

– Maintenant, dit-il, le lait est encore plus savoureux et le verre n'a pas débordé. Loin de vous prendre quoi que ce soit, nous enrichirons votre société.

Pourquoi chercher les différences ?

Lorsque je pilote un avion, je fais régulièrement cette annonce :

– Regardez par les hublots, nous survolons la frontière entre tel et tel pays.

Je choisis toujours une frontière qui n'est pas marquée par une rivière ou une chaîne de montagnes. Les passagers scrutent attentivement le paysage, puis se rendent compte qu'il n'y a pas de frontière apparente, juste un massif montagneux, un désert, des champs ou l'océan. Nous sommes toujours à la recherche de différences et de divisions.

Essayez de parler de frontières à une fourmi. Des propriétaires peuvent installer une clôture devant leur maison, la fourmi continuera à aller et venir d'un côté à l'autre nuit et jour. Essayez de parler de frontières à un oiseau. « Eh, toi, avec tes ailes, où est ton passeport ? » Il n'y a pas de frontières pour les corbeaux, pour les abeilles et les papillons ; pas de frontières pour les poissons, les dauphins et les encornets ; pas de frontières pour les nuages, le vent et l'eau.

Dès l'enfance, on nous inculque qu'il existe des différences entre les peuples et nous le tenons pour acquis. « Nous sommes d'ici » signifie que nous sommes comme ceci et comme cela. Eux ils sont de là veut dire qu'ils sont autrement. Pourtant, les différences entre les individus ne sont souvent qu'apparentes. Un Indien pourrait dire : « Notre nourriture est unique ; regardez nos merveilleux *chapati* ! » De son côté, un Italien affirmerait aussi : « Notre nourriture est unique ; voyez nos merveilleuses pâtes ! » Mais de quoi sont faites les pâtes ? De quoi sont faits les *chapati* ? Des mêmes ingrédients, préparés de manière légèrement différente. La belle affaire !

Si quelqu'un se fait opérer du cœur, les chirurgiens vont-ils pratiquer une opération particulière selon sa race ? Les médecins ne font pas d'études de médecine pour apprendre à traiter les gens selon leur couleur de peau, leur religion, etc. : « Vous allez être formés à la façon de soigner les Indiens, puis demain les Italiens, et enfin les Africains et les Chinois »…

Nous avons tant de choses en commun ! « J'ai soif » s'exprime en de multiples langues, pourtant cette phrase a toujours le même sens. On me demande souvent : « D'où venez-vous ? » Et je ne peux que sourire. Que dois-je répondre ? « Je viens du même endroit que vous : la Terre ! » Parfois mon interlocuteur me dévisage comme si j'étais fou, pourtant je ne fais que dire la vérité.

Quand je vais au Mexique, les gens me prennent pour un Mexicain ; quand je me rends en Malaisie, ils pensent que je suis Malais, et ainsi de suite. Le seul pays où j'ai été interpellé et suspecté d'être un étranger, c'est l'Inde ! J'allais voir ma sœur qui vivait alors dans un État du Nord. Les militaires faisaient barrage aux étrangers. À un poste frontière, un soldat m'a demandé mon passeport. « Mais je suis indien ! », ai-je répondu. L'officier responsable est sorti pour voir ce qui se passait, et il m'a aussitôt reconnu. Il a ri et s'est adressé au soldat : « Bien sûr, voyons, il est indien ! »

On peut être surpris par les jugements sévères que des individus, soi-disant ouverts d'esprit, portent sur les autres en raison de leur différence. Un jour, en Argentine, alors que j'initiais un groupe de personnes aux techniques de la connaissance de soi, l'un de mes assistants est venu vers moi :

– Il y a quelqu'un ici qui ne devrait pas recevoir la Connaissance.

– Pour quelle raison ? me suis-je étonné.

– Parce que cette personne vient de me dire qu'elle est une prostituée.

– Si c'est une prostituée et que tu le désapprouves, ai-je répondu, ne couche pas avec elle. Quel rapport avec le fait de lui montrer la Connaissance ?

Des relations vraies

Lorsque nous prenons du recul vis-à-vis de nos idées et de nos *a priori*, que nous dit notre cœur au sujet de nos semblables ? Il est vrai que l'on rencontre la haine dans le monde, tout comme l'égoïsme, l'envie, les préjugés, etc. Certains vivent dans l'inconscience, et cela peut avoir des conséquences nuisibles, autant pour eux que pour les autres. Mais des milliards d'actes de gentillesse ont lieu tous les jours, qui passent inaperçus. Générosité, créativité, douceur, compréhension et tant de belles choses se produisent en nous et autour de nous. Ouvrons les yeux du cœur !

Plutôt que d'être idéalistes ou pessimistes quant à la nature humaine, soyons réalistes. La vérité est que chacun d'entre nous porte à la fois du bon et du mauvais. J'ai vu une incroyable noirceur dans certains regards – une noirceur apparemment sans fond, sans la moindre lueur d'espoir. Et j'ai vu des regards infiniment lumineux, même chez ceux qui traversent de rudes épreuves. Des

J'ai vu une incroyable noirceur dans certains regards – une noirceur apparemment sans fond, sans la moindre lueur d'espoir. Et j'ai vu des regards infiniment lumineux, même chez ceux qui traversent de rudes épreuves. Des potentiels d'obscurité et de lumière cohabitent en chacun de nous.

potentiels d'obscurité et de lumière cohabitent en chacun de nous.

Pourtant, ce que je considère comme bon en moi n'est jamais loin de ce que je n'aime pas en moi. L'amour n'est jamais loin de la haine. La clarté n'est jamais loin de la confusion. La lumière n'est jamais loin de l'obscurité. Il suffit de la simple pression d'un doigt sur un interrupteur pour transformer la lumière en obscurité, et l'obscurité en lumière. Ne nous soucions pas de chasser l'obscurité de notre vie, il suffit de nous concentrer sur la façon dont nous pouvons faire entrer la lumière. Inutile de nous inquiéter de la confusion dans notre vie, il suffit de nous concentrer sur le moyen de faire pénétrer la clarté. Nul besoin de nous soucier d'éliminer la haine de nos existences, il suffit de nous concentrer sur l'amour.

L'amour n'est jamais loin de la haine. La lucidité n'est jamais loin de la confusion. La lumière n'est jamais loin de l'obscurité.

Nombreuses sont les qualités dont nous sommes dotés – ce sont celles que nous choisirons de pratiquer et de valoriser qui détermineront en grande partie notre existence. *L'aptitude à choisir est un élément fondamental de l'expérience humaine.* Notre humanité est fondée sur notre faculté de choisir, notre libre arbitre.

Il était une fois un homme absolument normal, à un détail près : il se prenait pour un grain de blé ! Cela ne lui posait aucun problème tant qu'il ne voyait pas des poules ou des poulets. Mais alors il paniquait, s'imaginant qu'il risquait d'être mangé.

Il suffit de la simple pression
d'un doigt sur un interrupteur
pour transformer la lumière
en obscurité, et l'obscurité en lumière.

L'identification ne fit qu'empirer, au point que sa famille ne savait plus quoi faire. Chaque fois qu'ils se rendaient ensemble quelque part, l'homme apercevait inévitablement des poulets, poussait des cris et s'enfuyait, et la journée était fichue pour tout le monde. Ses proches l'emmenèrent chez un médecin qui recommanda un séjour dans un établissement spécialisé pour y suivre un traitement. Jour après jour, il avait des séances avec une doctoresse qui essayait de le convaincre qu'il était bien un être humain, et non un grain de blé.

Cela prit du temps. Un beau jour, à la question « Qu'êtes-vous ? », il répondit :

– Je suis un être humain !

– Êtes-vous sûr d'être un être humain et non un grain de blé ?

– Absolument, je suis un être humain !

– Eh bien, dit la doctoresse, vous êtes guéri ! Vous pouvez maintenant quitter notre institution.

L'homme était ravi de pouvoir enfin sortir. Le médecin, soulagé, lui signa un bon de sortie et l'homme quitta l'établissement.

Un quart d'heure plus tard, il était de retour :

– Que se passe-t-il ? lui demanda la doctoresse. Pourquoi revenez-vous ? Je vous ai dit que vous pouviez partir, vous êtes guéri !

Il la regarda et lui dit :

– Docteur, je sais que je suis guéri, mais quelqu'un a-t-il prévenu les poulets que je ne suis pas un grain de blé ?

Voilà notre situation ! Nous ne pensons sans doute pas être un grain de blé, mais nous sommes susceptibles de nous tromper sur ce que nous sommes exactement. Que sommes-nous en vérité ? Un être humain ! Et un être humain est une créature qui porte en son cœur un océan d'amour, de bonté et de lumière. Nous possédons tous ces qualités. Plutôt que de chercher ce qui nous sépare les uns des autres, choisissons de célébrer la beauté qui nous habite tous, vous comme moi.

Les besoins nous unissent

Culturellement, les gens ont des attentes variées. Il suffit de voir comment diverses communautés et sociétés se comportent face à la mort. Les Toraja, sur l'île indonésienne de Sulawesi, gardent dans la demeure familiale les cadavres de leurs proches momifiés, le temps de mettre de l'argent de côté pour des funérailles fastueuses. Les corps sont ainsi conservés pendant des mois, voire des années, et traités comme des « malades » plutôt que comme des défunts. On leur apporte de la nourriture et des boissons, on s'assied auprès d'eux et on leur parle. Même après leur mise en terre dans le caveau familial, les morts sont sortis de leur cercueil de temps à autre pour rafraîchir leurs cheveux et leurs vêtements ; leurs proches leur parlent, prennent des photos. Pour certains d'entre nous, cette pratique peut sembler macabre. Pour d'autres, ce rituel est une façon sincère d'honorer et de commémorer les disparus.

En Mongolie et au Tibet, de nombreuses ethnies croient que l'esprit des hommes continue à vivre après la mort. Pour faciliter le processus de réincarnation, les cadavres sont découpés en morceaux et exposés au sommet d'une montagne, le plus souvent à proximité d'un endroit fréquenté par les vautours. On considère ces oiseaux comme des anges qui aident l'esprit à monter au ciel en attendant sa renaissance, d'où le nom d'« inhumation céleste » pour ce rituel.

Dans la plupart des coutumes hindoues, le corps du défunt est brûlé ; il n'en reste plus aucune trace, juste une photo du cadavre avec une guirlande de fleurs autour du cou. Lorsque vous entrez chez quelqu'un et que vous voyez l'une de ces photos entourée d'une guirlande, vous savez que la personne est décédée et qu'elle demeure dans le cœur des membres de sa famille.

Faites le tour du monde, et vous découvrirez de nombreuses manières de commémorer les morts. J'ai même appris récemment que l'on peut, plutôt que de déposer les cendres du disparu dans une urne, les transformer en diamant sous l'effet d'une température et d'une pression extrêmes, et en confectionner des bijoux !

Oui, des différences existent et s'observent chez les êtres humains. Pour autant, si elles ne révèlent que certains aspects de nos façons de vivre, elles ne définissent pas l'essence de ce que nous sommes. Les souhaits et les désirs, les règles et les rituels relèvent du mode de vie, non de la vie elle-même. D'autres facteurs nous unissent, indépendamment de nos origines et de nos convictions, notamment nos besoins fondamentaux, à savoir tout ce dont nous ne pouvons pas nous passer.

Nous avons tous faim et soif. Nous avons tous besoin d'un abri. Nous inspirons et expirons le même air et baignons tous dans l'atmosphère qui enveloppe cette étonnante planète.

La façon dont nous travaillons ensemble pour répondre à nos besoins met en œuvre un mélange fascinant d'individualisme et de sens collectif. Aujourd'hui, lorsque nous regardons le monde que les hommes ont construit, que voyons-nous ?

Comment avons-nous réussi à satisfaire nos besoins communs ? Certaines fois, nous observons de remarquables progrès sur le plan humain : prospérité, beauté, générosité, avantages matériels. D'autres fois, nous constatons les effets de la peur et de l'avidité : pollution, pénuries alimentaires ou problèmes sanitaires. Là encore, nos choix sont essentiels. Si nous pouvons faire le mal, nous pouvons aussi faire le bien. Ce sont souvent les êtres humains qui imposent des conditions terribles à leurs semblables, mais l'inverse est également possible. Et cela commence par de tout petits pas.

Prenez la faim, par exemple. La faim est un besoin naturel, en revanche la pénurie de nourriture est un problème créé par l'homme. La nature peut pourvoir à nos besoins, et même largement si nous nous y employons de façon juste. Pourtant, les systèmes de distribution sont souvent scandaleusement inégalitaires et le gaspillage est énorme. Je suis chaque fois bouleversé de voir des Indiens mourir de malnutrition, alors que l'Inde exporte une grande partie des aliments qu'elle produit.

Il y a quelques années, une équipe de la Fondation Prem Rawat et moi-même sommes allés voir comment contribuer à résoudre quelques-uns des problèmes de la région de Ranchi, la capitale de l'État indien du Jharkhand. La région avait subi de graves tensions politiques et des actes de violence communautaire. Bien que les sols concentrent environ 40 % des ressources minérales de l'Inde, un même pourcentage de personnes y vivaient en dessous du seuil de pauvreté et souffraient de malnutrition.

Nous avions trouvé un terrain et étions sur le point de l'acheter pour y construire une structure d'aide destinée à la population locale. Nos conseillers nous ont dit : « Ne faites pas cela ; cette région est confrontée au terrible problème du terrorisme et de la criminalité, et nous ne pourrons pas assurer la sécurité de ceux qui vont y travailler. » Si nous avions abandonné, les mêmes problèmes auraient persisté. Nous avons donc poursuivi notre projet.

La question était la suivante : de quelle façon obtenir un impact positif maximal pour ces communautés locales ? Quelqu'un suggéra de construire un hôpital ; nous n'avions aucune expertise en ce domaine, le bâtir aurait été un grand défi et le faire fonctionner plus complexe encore. Une autre personne proposa de bâtir une école ; elles étaient déjà nombreuses dans la région et, encore une fois, je n'étais pas sûr que nous serions en mesure de la gérer correctement. Puis nous avons pensé à l'alimentation, sujet qui a touché la corde sensible de tous. La situation était effectivement désespérée pour de nombreuses familles : certains enfants du quartier avaient appris à déterrer des nids de rats pour voler les déchets enfouis par les rongeurs. Nous avons décidé de construire un grand centre d'aide alimentaire distribuant gratuitement des repas chauds et nutritifs tous les jours.

Je tenais à éviter toute ingérence politique quant aux bénéficiaires de ce dispositif. Nous avons donc réuni les décideurs des différentes communautés de la région pour qu'ils se mettent d'accord sur la sélection. Ce furent d'abord les enfants qui commencèrent à venir, puis les personnes âgées et les mères accompagnées d'enfants en bas âge. Dans le cadre de ce programme, nous avons construit des toilettes et imposé la règle de se laver soigneusement les mains. L'hygiène était une nouveauté pour nombre d'enfants. Certains, dès le lever, s'en allaient aux champs ramasser les bouses – qui servent de combustible –, puis rentraient directement prendre leur petit déjeuner sans se laver auparavant les mains.

Les cuisines du centre alimentaire étaient et continuent d'être impeccablement propres. Toutes les personnes qui y travaillent portent des masques, la nourriture (délicieuse et d'origine locale) est préparée avec soin, et tous ceux qui y viennent sont invités à manger à leur guise.

L'impact et les résultats de notre approche alimentaire furent étonnants. La criminalité diminua car les gens avaient davantage d'argent, ayant économisé sur le budget alimentaire familial. Ce petit surplus financier fit diminuer le nombre de chefs de famille obligés de partir loin de chez eux pour trouver un emploi. Il en fut de même pour les enfants qui passaient leur journée à travailler pour ramener de l'argent au foyer : ils se sont mis à fréquenter l'école en plus grand nombre, certains ont même décroché des diplômes. Leur santé s'est améliorée, et la pression sur les hôpitaux a en conséquence diminué. Quant aux groupes terroristes, constatant que nous aidions la population locale, ils évitèrent de s'en prendre à nos équipes et à notre matériel.

Aujourd'hui encore, je n'arrive pas à croire qu'un seul bon repas par jour puisse apporter une telle amélioration dans toute une région. Nous avons récemment mis en place des programmes similaires au Ghana et au Népal, qui ont également eu un impact positif. Une fois de plus, les petits pas produisent de grands changements.

Il est à noter que notre centre népalais a été construit dans le respect des règles parasismiques en vigueur. Lors du grand tremblement de terre de 2015, de nombreux bâtiments voisins se sont effondrés ou sont devenus dangereux, tandis que le nôtre a bien résisté et a pu servir d'abri pour les sinistrés et sauver des vies.

À propos de la gentillesse

Un homme est perdu dans le désert. Il se traîne à quatre pattes, la langue déshydratée, torturé par une soif dévorante. Il croise un homme monté sur un chameau.

– S'il vous plaît, supplie-t-il, pourriez-vous me donner de l'eau ?

– Et si je vous donnais une cravate ? dit l'homme.

Il défait son sac à dos qui contient quantités de cravates.

– Quelle cravate voulez-vous ? demande-t-il à l'homme assoiffé.

– Non, non, je ne veux pas de cravate, se désespère l'homme. Avez-vous de l'eau ?

– Et pourquoi pas une cravate ?

– Non, je ne veux pas de cravate, gémit l'homme qui s'éloigne en rampant, avant de se retourner pour insister :

– Vous ne pouvez pas me dire où je pourrais trouver de l'eau ?

– Bien sûr que si. Il vous suffit de continuer tout droit sur à peine un kilomètre, et vous tomberez sur une oasis où vous trouverez de l'eau. Beaucoup d'eau.

L'homme repart à quatre pattes et arrive enfin devant l'oasis tant désirée. Il voit des arbres, des plantes, des fleurs splendides et, miroitant derrière toute cette luxuriance, il aperçoit un bassin d'eau profonde. Un homme de haute stature se tient devant l'oasis. L'assoiffé rampe jusqu'à lui :

– Puis-je entrer boire de l'eau ?

– Oui, répond l'homme, mais portez-vous une cravate ?

C'est ce que nous finissons par faire si nous ne réfléchissons pas en connaissance de cause : nous mettons les autres à l'épreuve avant de répondre à leurs besoins. Et si nous traitions autrui comme nous aimerions qu'on nous traite ? Et si nous cherchions à coopérer plutôt qu'à accentuer nos différences et à nous concurrencer ? Et si nous faisions simplement preuve de gentillesse ?

Étymologiquement, le mot « gentil » a pour origine la notion de famille, de peuple. Lorsque nous pensons et agissons avec gentillesse, nous brisons les barrières qui nous séparent des autres. En faisant preuve de bonté envers chaque personne rencontrée, nous ne perdons rien et nous gagnons beaucoup. Si cette opération était multipliée sept milliards de fois, rien ne serait perdu et ce serait juste tout bénéfice !

Lorsque nous dispensons de la bonté, ce lien interpersonnel crée naturellement une sorte de communauté qui se développe autour d'un sentiment d'appartenance. Cependant, pour faire preuve de gentillesse envers les autres, nous devons d'abord nous mettre en relation avec ce qu'il y a de meilleur en nous, ce sont nos qualités humaines qui vont ensuite rayonner vers autrui.

L'empathie possède une longue histoire dans l'expérience humaine, même si le mot n'a été inventé qu'au XXe siècle. Il en existe aujourd'hui de nombreuses définitions. Je souhaiterais simplement exprimer son pouvoir dans son sens le plus simple, à savoir : se mettre à la place de l'autre. Il se peut que vous ne partagiez pas le même vécu que cette personne, que vous ne soyez pas d'accord avec elle, mais il est essentiel de comprendre ce qu'elle est. C'est une bien meilleure façon d'appréhender le monde qui nous entoure, plutôt que de considérer les autres comme étant totalement séparés de soi. Au lieu de chercher à catégoriser quelqu'un par sa religion, sa couleur de peau, sa nationalité ou toute autre caractéristique, mieux vaut simplement s'identifier à ce qu'il ou elle ressent. Faim ou douleur, misère, colère ou guerre, essayez simplement de vous mettre à la place de ceux dont les besoins ne sont pas satisfaits. Cela vous rappellera ce que c'est que d'être humain.

Individu et société

La bonté vient de l'intérieur. Si nous voulons contribuer à rendre le monde meilleur, nous devons donc partir de nous. J'ai fait plusieurs fois le tour du monde et n'ai pas rencontré de société parfaite. *J'ai constaté qu'il est difficile de faire évoluer une société entière. Cela prend du temps. Tantôt nous progressons, tantôt nous régressons. Si nous commençons par nous-mêmes, nous serons sans doute capables de faire d'abord évoluer notre façon de penser et d'agir, et seulement ensuite pourrons-nous agir collectivement.*

La solidité d'un bâtiment dépend de chacune des briques qui le constituent. Si l'une d'elles se fend et s'effrite, cela affecte celles qui l'entourent. L'effet se transmet, soumettant chaque brique voisine à une pression accrue. Lorsque la sécurité d'un édifice est analysée, l'intégrité de chaque brique, une par une, est vérifiée. Il en va de même pour la société. Chaque individu doit s'efforcer de se rendre aussi solide que possible.

Prenons l'exemple d'une montre. Elle est composée d'innombrables pièces. Certaines sont mobiles, d'autres pas, mais chacune est indispensable. Sur le cadran, vous ne voyez que les aiguilles des heures et des minutes, et parfois celle des secondes. Mais si vous l'ouvrez, vous découvrez tout un assemblage de pièces concourant ensemble à la bonne marche des aiguilles qui indiquent l'heure. Tout bon horloger sait que, pour qu'une montre fonctionne avec précision, chaque pièce doit être en état et à sa place.

Voici une autre analogie. Vous regardez à l'écran une image de la Terre vue de l'espace. Puis vous zoomez sur l'image, et vous zoomez encore, toujours plus près. Vous commencez à apercevoir des montagnes, puis une forêt sur le flanc d'une montagne, puis un bouquet d'arbres dans la forêt, jusqu'à discerner les feuilles de l'arbre. Et si vous zoomez encore, l'image des feuilles se transformera rapidement en taches de couleur, jusqu'à finir sur trois rectangles : un rouge, un vert et un bleu. Vous avez atteint le niveau d'un seul pixel. Depuis le début, c'est ce que vous aviez sous les yeux, des pixels. Pourtant vous avez vu des feuilles, un arbre, une montagne et même une représentation du monde.

Les êtres humains sont comme ces pixels. Ensemble, nous formons une communauté, une société, une population mondiale. Si l'image globale de la société semble déformée, nous devons nous demander ce qui ne fonctionne pas au niveau des pixels : pourquoi ne brillent-ils pas correctement ? Et moi, est-ce que je contribue à donner une bonne image de ma communauté, de la société et du monde ? Est-ce que j'éclaire de la bonne façon ? Que se passe-t-il lorsque je zoome sur moi-même ?

Il suffit d'une seule pièce défectueuse pour arrêter une montre, pour fragiliser un bâtiment, pour altérer la qualité d'une image, pour perturber une société. Voilà pourquoi il n'est jamais égoïste de consacrer du temps à se comprendre soi-même. Pour éclairer un monde entier, il suffit de commencer par allumer une bougie.

Nous venons du même endroit

De notre vivant, chacun de nous se distingue des autres, mais, comme nous l'avons vu, nous partageons les mêmes besoins fondamentaux, notamment celui de la paix du cœur. La paix intérieure n'est pas réservée aux puissants ou aux faibles, aux riches ou aux pauvres, à une race plutôt qu'à une autre. La paix est là pour tous, et en tous.

Notre esprit s'efforce constamment de façonner le monde qui nous entoure, alors que l'existence est d'une merveilleuse simplicité. Pensez au moment où vous êtes endormi : quelle est alors la différence entre les riches et les pauvres ? Entre les personnes instruites et celles qui ne le sont pas ? Entre les bons et les mauvais ? Dans le sommeil, nos concepts et nos différences s'estompent, et nous respirons, tout simplement.

Nous partageons un ensemble de besoins fondamentaux et une même planète. Mais quelque chose de plus grand encore : un univers en constante expansion. Une simple ligne sur une carte semble insignifiante lorsqu'on imagine l'immensité de l'espace. Là est la vraie nature de notre habitat. Nous devrions nous identifier à l'univers lui-même. Tout ce qui est plus petit que l'univers est sujet à la souffrance.

L'étincelle divine de la puissance universelle est en nous dès notre création, formant un réseau invisible de connexions entre tous et toute chose. Nous sommes à la fois différents et identiques. Nous ne faisons qu'un.

Nos croyances peuvent nous diviser, mais le divin en nous nous unit. Tout le monde n'est pas conscient de ce lien de personne à personne, d'ami à ami, d'étranger à étranger, et pourtant il peut se révéler à tout moment, comme le soleil qui réapparaît après l'orage. Kabîr a exprimé en ces termes notre universalité : « Nous savons tous qu'il y a une goutte dans l'océan, mais peu savent que la goutte contient un océan. »

L'espace d'un instant, laissons-nous porter par l'inspiration du poète indien et imaginons l'humanité sous la forme d'une eau, unie à celle d'un océan. Imaginons que chaque goutte soit soulevée par les vagues, s'évapore en nuages, et qu'elle retombe ensuite sur les collines, les plaines, les villes, avant de retourner à l'océan, son origine. En chemin, les gouttes s'unissent pour former des ruisseaux puis des fleuves puissants, aux noms et aux légendes nombreuses. Le Mississippi, l'Amazone, le Gange, la Tamise, tous rejoignent des mers et des océans – l'Atlantique, le Pacifique – pour former finalement une seule et même masse océanique autour de la Terre. Est-ce la fin du voyage ? Non, car le cycle recommence : des gouttes d'eau jaillissent des vagues… et ainsi de suite. C'est ainsi que notre voyage se poursuit. Nous sommes à la fois la goutte et l'océan.

La Terre recycle son eau depuis des milliards d'années. Le perpétuel cycle de l'eau est comme l'alpha et l'oméga du divin : le processus ne s'arrête jamais. Au passage, je ne plaide pas en faveur de la réincarnation. Je dis que le divin existait avant nous, qu'il est le moteur de notre vie, et qu'il sera là après nous.

Récemment, quelqu'un m'a demandé comment j'allais.

– Ce qui est de nature à aller est occupé à aller, et ce qui est de nature à venir est occupé à venir, lui ai-je répondu. Tout ce qui vient finit par s'en aller, mais il est dans la nature du divin d'être toujours présent : il n'existe pas d'autre constante.

Ce n'était sûrement pas la réponse attendue !

Notre enveloppe corporelle est l'expression éphémère d'un cycle de vie en perpétuel mouvement. Nous sommes tous en harmonie les uns avec les autres, avec l'univers et avec le divin. C'est cela, le Soi universel.

CHAPITRE 12

La pratique, la pratique, la pratique

Imaginons la vie sous la forme d'un livre ouvert à notre naissance. En le feuilletant, nous découvrons les exergues, les remerciements, et la préface : notre petite enfance. On ne peut guère s'attribuer de mérite pour cette entrée en matière, mais, bientôt, l'histoire commence vraiment. À chaque nouvelle page de notre existence, nous avons l'occasion d'écrire quelque chose d'une encre neuve.

Si vous avez de la chance, votre livre comportera de nombreuses pages, le récit se révélant riche d'aventures et d'expériences. Il y aura aussi, à n'en pas douter, des passages difficiles. Un jour, toutes les pages seront rédigées, il n'y aura plus qu'à inscrire le mot : « Fin ».

Qu'écrivez-vous dans le livre de votre vie ? Cela a-t-il vraiment un sens ? L'histoire retient-elle votre attention ? Vous inspire-t-elle ? Quoique vous écriviez dans votre vie aujourd'hui, cela doit avoir un sens pour vous. Est-ce *votre* histoire que vous écrivez, ou celle d'un autre ? Son intention est-elle claire ?

A-t-elle un sens pour *vous* ?

Chaque jour offre une nouvelle opportunité de s'exprimer : une page blanche attend d'être remplie.

Grâce à la connaissance de soi, nous pouvons écrire des pages mémorables, gaies, profondes, fidèles à nous-mêmes. Je suis le seul à pouvoir écrire l'histoire de ma vie et vous êtes le seul à pouvoir écrire la vôtre. Chaque jour, nous pouvons prendre notre stylo et noter ce qui nous tient à cœur. Laissons l'encre couler.

Le chemin qui mène de l'agitation ou de la frustration à la paix intérieure et à une vie épanouie n'est pas toujours aisé, il est même souvent pénible, je le constate le premier. La pratique est nécessaire. Si nous voulons descendre le fleuve à la rame, il ne suffit pas de plonger l'aviron une fois ou deux dans l'eau.

Qu'écrivez-vous dans le livre de votre vie ? Cela a-t-il vraiment un sens ? L'histoire retient-elle votre attention ? Vous inspire-t-elle ? Est-ce votre histoire que vous écrivez, ou celle d'un autre ? Son intention est-elle claire ?

La vie n'est qu'une coupure entre le moment où nous étions poussière et celui où nous y retournerons. Oui, poussière.

D'où venons-nous ?

Si vous avez avancé avec moi au fil de cet ouvrage depuis l'introduction, nous avons parcouru ensemble un long chemin. Nous avons constaté que l'agitation de la vie moderne génère du bruit autour de nous et que le brouhaha de notre mental affecte notre façon de vivre. Nous avons pris conscience que l'existence est précieuse et qu'en nous connectant à la paix, nous avons la possibilité de transformer notre quotidien. Nous avons compris la différence entre croire et connaître, et l'avantage de commencer par soi-même plutôt que d'attendre du monde extérieur qu'il réponde à nos besoins. Nous avons vu que la vie peut s'épanouir par la gratitude, et que la paix intérieure peut aider à traverser périodes difficiles et conflits intérieurs. Nous avons entendu des chants d'amour, célébré le paradis qui peut exister sur terre et ressenti nos liens universels.

Même si, chaque jour, de nombreuses situations imprévisibles requièrent notre attention – tantôt pour nous rendre heureux, tantôt pour nous poser problème –, la paix intérieure est immuable. La nature de ce qui nous entoure est changeante, mais notre paix personnelle ne dépend pas de notre environnement. Qui que nous soyons, où que nous vivions, quoi que nous ayons fait, quels que soient les changements qui nous affectent, la paix est constamment présente en nous et, grâce à la connaissance de soi, elle est à notre portée.

La connaissance de soi est un processus de découverte, de dévoilement de notre moi véritable. Que se passe-t-il lorsque nous ignorons notre être intérieur ? Lorsque nous vivons de façon inconsciente ? Nous abandonnons ce que nous possédons de plus précieux : notre expérience de la vie même.

La connaissance de soi nous relie à tout ce qui est bon en nous. La paix, c'est la clarté qui règne en nous, c'est la compréhension qui nous habite, c'est la sérénité que nous portons.

La paix est la bonté et la douceur en nous, la lumière qui brille en notre for intérieur, la joie qui nous anime.

La paix est la gratitude et la beauté en nous.

La paix est le va-et-vient du souffle, le divin en nous.

La paix est tout cela, et plus encore. La paix rassemble tout ce qui est bon en une expérience sincère et intemporelle, elle est notre identité véritable et essentielle.

Accueillir la paix exige du courage

Toutes nos actions dans le monde sont susceptibles de nous apporter de grands plaisirs et progrès ; pour autant, cela ne constitue qu'une facette de ce que nous sommes. *Il faut un certain cran pour admettre qu'il existe deux mondes – extérieur et intérieur – et qu'ils ont une égale importance. Déclarer : « Mon esprit et mon cœur peuvent vivre en paix l'un avec l'autre » demande du courage.*

Certains croient que pour connaître la paix et l'épanouissement intérieurs, il faut se retirer dans un monastère ou pratiquer toute autre forme de retraite. Dans leur esprit, c'est comme si le générateur d'électricité était situé dans un lieu retiré et que pour allumer les lampes de la lucidité et du bien-être, il fallait se trouver à proximité de cette source d'énergie. Peut-être ont-ils l'impression qu'en s'éloignant trop du générateur ils se retrouveront à nouveau dans le noir. Je vois les choses différemment. Parce que nous sommes humains, notre paix, notre clairvoyance et notre bonté émanent de notre cœur. Nous disposons d'un générateur d'énergie intérieur, d'une source personnelle de lumière, d'un sanctuaire de tranquillité, nous portons toute cette richesse avec nous, où que nous allions.

Lors d'un survol du désert du Sahara, une métaphore du voyage de la vie m'est venue à l'esprit : imaginez que vous deviez traverser un désert. Vous avez dans vos bagages une grande bouteille d'eau, de la nourriture et un parasol. Vous vous trouvez dans ce vaste et infini paysage de sable inondé de soleil. Il n'y a nulle part d'oasis, l'air est sec et brûlant.

Porter la paix en soi, c'est comme avoir toujours avec soi de l'eau, de la nourriture et un parasol, tout ce qui est indispensable. Bien des personnes traversent la vie les mains vides et tentent de transformer le désert en ce dont elles ont besoin. Peut-on transformer le sable chaud en eau fraîche ?

Imaginez la soif que vous éprouveriez si vous marchiez sans eau dans le désert. Ressentez vraiment cette soif.

Comment puis-je vous aider ?

On me demande souvent : « Si je fais ceci et cela, trouverai-je la paix ? » Comme si elle était forcément le résultat d'une action, alors qu'il suffit de s'ouvrir à ce qui est déjà présent en nous. Comprendre comment se relier à ce lieu de paix que l'on a en soi et en être reconnaissant, voilà ce que j'appelle la Connaissance, et cela, tout le monde peut l'apprendre.

Qu'est-ce qu'apprendre ? C'est goûter au cadeau de la vie d'une nouvelle façon.

Certaines personnes entreprennent seules le voyage de la connaissance de soi, d'autres bénéficient d'un accompagnement. Il ne manque pas d'enseignants en ce monde : si vous avez besoin d'un coup de pouce de temps à autre, trouvez la personne qui vous convient. Avoir quelqu'un à son côté – quelqu'un qui comprenne vraiment ce qu'est le Soi –, cela rassure. Il pourra vous indiquer la voie à suivre dans les moments d'obscurité.

C'est ainsi que je conçois mon rôle. Ce n'est pas à moi de dire aux gens ce qu'ils devraient ou ne devraient pas être. Je suis là pour rappeler que nous sommes bénis par le miracle de l'existence et pour montrer le chemin vers la paix intérieure. Vous seul pouvez décider si vous voulez le prendre. Vous seul pouvez décider si c'est cette voie-là que vous souhaitez emprunter pour y parvenir.

Vous arrive-t-il d'écouter de la musique classique indienne ? Elle diffère beaucoup de la musique classique occidentale. Elle utilise des instruments à cordes comme le *sitar*, des instruments à percussion comme le *tabla*, et des instruments à vent comme le *bansuri* (grande flûte traversière). Et cet autre instrument à cordes dont on parle beaucoup moins, le *tampura*. Il est muni d'un long manche et de cordes que le joueur pince constamment. Le musicien est souvent à l'arrière-plan. En fait, il arrive même qu'on ne lui attribue pas de micro. Alors que les autres artistes créent le *raga*, la structure mélodique, le *tampura* produit un bourdon harmonique d'accompagnement.

Tous les autres instruments se réfèrent à lui pour rester dans la bonne tonalité. Le *tampura* établit également un rythme subtil, comme une cadence qui sous-tend la musique et permet aux autres instruments de se synchroniser en rythme.

Pourquoi ai-je décrit le rôle du *tampura* ? Parce qu'il est assez comparable au mien. Un bon professeur de musique ne chante ni ne joue à votre place, il ne détermine pas non plus les rythmes de votre vie. Jouez votre *raga*, choisissez votre propre rythme. Pour ma part, je suis juste là pour vous aider à rester dans le ton et à sentir l'élan qui vous anime, la cadence de la musique de la vie.

Je vous aide à vous écouter.

Mon père, Shri Hans Ji Maharaj, a décrit le rôle de celui qui enseigne la connaissance de soi à travers une merveilleuse métaphore qui révèle ce qu'est un « Maître » comme les Indiens appellent leur professeur principal : « On dit que la Connaissance est semblable à l'arbre à santal, et le Maître à la brise. L'arbre à santal est tout entier baigné de parfum, mais à lui seul il ne peut répandre bien loin cette fragrance. La brise, elle, en soufflant, l'apporte à l'ensemble de la forêt. C'est ainsi que les autres arbres s'imprègnent de ce parfum et sentent aussi bon que l'arbre à santal. De la même façon, la Connaissance pourrait parfumer le monde entier. »

Un bon professeur de musique ne chante ni ne joue à votre place, il ne détermine pas non plus les rythmes de votre vie. Jouez votre raga, choisissez votre propre rythme. Pour ma part, je suis juste là pour vous aider à rester dans le ton et à sentir l'élan qui vous anime, la cadence de la musique de la vie.

Je vous aide à vous écouter.

Apprendre à ressentir

C'est aux pieds de mon père, littéralement, que j'ai appris ce qu'était la connaissance de soi. Quand j'étais enfant, je m'asseyais sur la scène quand il parlait, j'écoutais ses propos et les questions que posait l'assistance. C'est ainsi que j'ai compris que nous sommes nés avec tout ce qui est nécessaire pour connaître la sérénité et la paix intérieure, mais que l'agitation de la vie quotidienne occulte ces forces présentes en nous. En découvrant notre lumière intérieure, nous parvenons à nous défaire de ce que nous ne sommes pas, et à voir clairement qui nous sommes. Il s'agit de lâcher prise sur ce dont nous n'avons pas besoin dans la vie. De quoi n'avons-nous pas besoin ? Commençons par les attentes, les peurs, les préjugés et les règles obsolètes.

Avec le temps, j'ai appris qu'on ne peut pas forcer quelqu'un à comprendre. C'est à chacun d'inviter et d'accueillir la compréhension.

Pour ce faire, nous devons être ouverts à la nouveauté. Si vous avez un verre vide et une bouteille remplie d'eau, la bouteille doit être placée au-dessus du verre pour que la gravité joue son rôle. L'eau ne peut s'écouler vers le haut. La Connaissance ne peut couler depuis un cœur ouvert vers un esprit fermé.

Souvent, nous avons tendance à tout remettre en question à travers notre mental. Comment la connaissance de soi fonctionne-t-elle précisément ? Comment être sûr que ça me convienne ? Où sont les preuves ? Pour d'autres aspects de la vie, il peut être pertinent de poser ce genre de questions, mais l'apprentissage de la connaissance se fait par l'expérience, non par la théorie. Que ressentons-nous comme juste ? Qu'est-ce qui nous parle ? La preuve réside dans la façon dont nous le vivons. Souvent, notre mental ne veut pas perdre le contrôle, pourtant c'est lui qui nous empêche de ressentir profondément notre vraie nature. *Parfois il faut laisser tomber toute cogitation : il est un temps pour croire, et un temps pour connaître.*

Là où j'ai vraiment compris la différence entre croire et connaître, c'est pendant mon apprentissage du ski. Je trouvais ce sport difficile ; je voyais pourtant les gens, y compris de jeunes enfants, dévaler les pentes avec une merveilleuse aisance, à toute vitesse, en traçant d'élégants sillons dans la neige. Un moniteur m'a proposé des cours. J'ai donc chaussé mes skis.

– Pour avancer, fais ceci, me dit-il.

– Ce n'est pas ce que les autres font ! Je veux faire comme eux.

– C'est ainsi qu'on commence.

J'ai résisté un certain temps, puis je me suis dit : « D'accord, qu'il m'apprenne. Si je vois que ça marche, je continue. Sinon, on en reparle. »

Au début, quand j'essayais d'aller à gauche, j'allais à droite. Quand je voulais m'arrêter, j'accélérais. Le ski peut sembler contre-intuitif lorsqu'on débute. Se pencher en avant donne de la stabilité, mais l'espace d'une seconde, votre cerveau s'exclame : « Penche-toi en arrière ! » De même, pour tourner, il semble plus naturel de s'incliner vers l'intérieur plutôt que vers l'extérieur.

Le moniteur ne cessait de répéter : « Suivez votre ressenti, allez-y à l'instinct, vous vous sentez comment ? »

À vrai dire, la plupart du temps je ne ressentais rien du tout. Je ne savais absolument pas quoi faire. Je me suis accroché, parce que lorsqu'on apprend, il faut accepter ses tâtonnements pour les dépasser. Et puis j'ai commencé à *sentir*. J'ai cessé de penser, je me suis laissé aller et j'ai fait comme le moniteur disait. Plus je me fiais à mes sensations, plus mes progrès étaient sensibles.

L'apprentissage de la connaissance de soi est similaire. Un minimum d'aide est nécessaire au début pour prendre confiance en soi et oser aller de l'avant.

Les techniques de Connaissance de soi

Accéder à la paix intérieure est à la portée de tous. Pour aider les gens à découvrir leurs ressources, je propose une approche spécifique que j'appelle la Connaissance de soi[1]. Ce cursus vous aide à découvrir les atouts que vous possédez en vous, de nombreux thèmes sont abordés dans ce livre. Je ne propose pas que des mots. N'hésitez pas à profiter de cet enseignement gratuit et à me faire part de vos questions.

Il existe également la possibilité d'apprendre des techniques pratiques et efficaces de connaissance de soi qui vous aideront à puiser dans vos forces intimes et à tourner votre concentration de l'extérieur vers l'intérieur de vous-même et trouver cette paix. Ce sont les techniques que mon père m'enseigna jadis, à Dehra Dun, lorsque j'avais six ans. Selon mon expérience, celles-ci se transmettent plus aisément de personne à personne. Elles constituent un enseignement précieux qui doit être dispensé par un guide éclairé.

Si vous êtes arrivé jusque-là dans la lecture de ce livre, c'est qu'il a parlé à votre cœur. Vous êtes donc déjà bien avancé sur la voie d'une belle compréhension de la Connaissance.

La clé qui ouvre la porte vers une conscience plus profonde est votre soif pour la connaissance de soi. Si vous ne ressentez pas cette soif, aucune approche ne peut se révéler fructueuse. Si vous souhaitez et éprouvez sincèrement le besoin de vous connaître, alors le PEAK prendra probablement tout son

1. Vous pouvez découvrir cette approche, « PEAK » – Peace Education and Knowledge – sur mon site web premrawat.com.

sens. C'est comme lorsqu'on veut apprendre une langue : il faut faire preuve de curiosité et de dynamisme au début, et de détermination ensuite pour pratiquer. La connaissance est le langage du soi.

De l'attente à l'expérience

Dans ce livre, j'ai parlé du problème que constituent nos innombrables attentes. Même la connaissance de soi et la paix en génèrent ! « Quand je suis en paix, je dois me sentir ainsi. Quand je suis en paix, je dois agir ainsi. » Ainsi vont les attentes et les croyances. Je suggère d'adopter une approche différente : ressentez la soif de vous connaître, explorez-la et laissez les choses se dérouler naturellement. Il est préférable de renoncer à toute idée préconçue sur la paix intérieure : nos attentes ne font qu'entraver l'expérience.

Il y a quelque temps, j'étais au Sri Lanka. La présentatrice de la conférence vint me saluer dans les coulisses :

– Je suis ravie de vous rencontrer, mais je m'attendais à un homme lévitant au-dessus de la moquette ! me dit-elle avec un humour qui en disait long. Elle s'était attendue à trouver quelqu'un correspondant à l'image qu'elle se faisait d'une personne connectée à la paix. Eh bien non, je ne ressemble pas à cela. Est-ce que je suis toujours en paix ? Non ! Est-ce que je rencontre des problèmes de temps à autre ? Oui ! Est-ce que je vis intensément intérieurement ? Absolument ! Ai-je déjà lévité au-dessus de la moquette ? Pas encore !

Un jour, je participai à une rencontre avec des personnes qui suivaient la voie de la connaissance de soi. Lors d'une séance de questions-réponses, une dame a levé la main :

– Je connais maintenant les techniques de la Connaissance mais je n'en ai aucun ressenti.

J'ai senti que son intervention faisait mouche dans la salle. J'ai répondu :

– S'il ne se passe rien, laissez tomber.

– Oh non, pas du tout ! Je ne veux pas arrêter, car j'éprouve quand même une grande paix et une grande joie.

Le problème venait du fait qu'elle ne cessait de penser à ce qu'elle pourrait ressentir, plutôt que de simplement profiter de ce qui se passait réellement en elle. Les coupables ? Ses attentes !

Nous n'avons pas besoin d'ailes pour voler, il suffit de couper les chaînes qui nous lient. Si nous coupons les chaînes de l'attente, nous sommes libres d'explorer, de vivre et de comprendre notre être profond. C'est dans la gratitude pour ce qui est que commence la connaissance, et notre façon de la pratiquer est susceptible d'évoluer jusqu'à notre tout dernier souffle.

Nous n'avons pas besoin d'ailes pour voler, il suffit de couper les chaînes qui nous lient. Si nous coupons les chaînes de l'attente, nous sommes libres d'explorer, de vivre et de comprendre notre être profond.

Mon expérience de la paix

Le fait de posséder un lien fort avec la paix intérieure a été une bénédiction immense dans ma vie, dans les bons comme dans les mauvais moments. Peu m'importent les difficultés ou les événements contrariants qui surviennent : lorsque je me connecte pleinement à moi-même, toutes mes inquiétudes se dissipent. Et cette possibilité est offerte à tous les êtres humains : se retrouver dans le lieu où le cœur chante et où l'on apprécie tout simplement la musique de l'être.

Je parle souvent de la clarté qui émane de la connaissance de soi, car elle peut transformer la façon dont nous nous sentons et dont nous abordons l'existence.

Quand on pilote un avion, pour savoir comment se comporte l'appareil, s'il vole droit ou se maintient à niveau, on observe l'horizon et on utilise ses sens. Car on navigue aussi à l'instinct. Il faut être prudent : il est facile d'être désorienté dans les airs, surtout lorsque les conditions météorologiques sont mauvaises ou qu'il fait nuit. Vos concepts et vos interprétations peuvent vous tromper. Les instruments de bord fournissent des informations qui viennent compléter vos impressions sensorielles. Ils vous indiquent précisément l'inclinaison, la hauteur et la vitesse de l'appareil, la vitesse de rotation des réacteurs, etc. En tant qu'instructeur de vol, je peux vous dire qu'il faut souvent du temps aux pilotes pour apprendre à voler en utilisant le tableau de bord, en partie parce que, comme dans le cas du ski, il faut apprendre à faire confiance à son professeur !

La connaissance de soi permet de développer un ensemble de mécanismes intérieurs connectés au vrai moi. Et c'est là que se trouve votre réalité. C'est là que vous pouvez vraiment vous orienter.

Pour poursuivre l'analogie avec l'aviation, les cockpits ont fini par être équipés de tant de voyants qu'un fabricant a fini par inventer le concept de « cockpit sombre ». Ce système minimise les sources lumineuses tout en aidant le pilote à établir ses priorités. S'il n'y a pas de lumière, tout va bien ;

si une lumière s'allume, il faut s'attaquer à la cause. On peut le comparer à la façon dont un esprit actif explore le monde extérieur, attentif autant aux éventuels dangers qu'à la paix.

Le mental peut se mettre en travers du cœur, et les attentes des autres peuvent également nous affecter. C'est valable pour moi, pour vous. Un jour, au Japon, je fus invité à visiter un temple par un professeur, un expert en jardinage très respecté. Ce temple était entouré de magnifiques jardins. Nous sommes entrés dans le parc et nous nous sommes assis. Tout le monde faisait des commentaires sur la tranquillité de ces lieux. Évidemment, mes mécanismes mentaux se sont mis à fonctionner : « Ce n'est pas la paix, ai-je pensé. C'est calme, ici, voilà tout. »

Je suis resté immobile et j'ai commencé à écouter, à écouter attentivement, et j'ai pu constater que le silence n'était pas du tout au rendez-vous. L'eau coulait plutôt bruyamment. Puis, soudain, j'ai entendu des grillons, le bruissement des feuilles dans le vent et le chant des oiseaux. Ce n'était pas calme, pourtant au bout d'un moment, j'ai ressenti une fabuleuse harmonie *entre les sons*. Abandonnant alors les définitions intellectuelles de « calme » et de « paix », j'ai juste entendu, à ce moment-là, la mélodie du jardin : la superbe harmonie de la réalité.

Appréciez-vous cet intermède appelé la vie ?

Pourquoi la quête de la connaissance de soi est-elle si importante ? Pensons encore une fois à la merveille que représente notre existence. De nombreux saints et poètes de toutes les traditions disent que lorsque nous mourons, nous rentrons chez nous, que ce monde terrestre n'est qu'un pays que nous visitons. Que l'on croie ou non à l'existence d'une vie après la mort, il y a du sublime dans l'idée que nous ne faisons que visiter ce lieu. J'y ai réfléchi, et j'en suis arrivé à la conclusion que nous oublions trop facilement d'où nous venons : de la poussière. Nous faisions partie, avant notre naissance, de ce grand nuage de poussière cosmique auquel nous retournerons après notre mort. « Tu es poussière et tu retourneras à la poussière[1] », dit un verset de la Bible. Voici quelques vers de ma composition, inspirés par ce thème :

Un
Poussière sous mes pieds,
Des fous et des sages
Broyés par le sort de la terre,
Le prince et le pauvre
Le saint et le brigand
Broyés dans un destin commun.
La sébile du mendiant et la couronne du roi
Rouillées dans le même sol
Emportées par le même vent
Dispersées sans grâce.
Ainsi va toute chose,
Poussière sous mes pieds.

On estime que notre univers est né il y a un peu moins de 14 milliards d'années, et que la Terre existe sous sa forme actuelle depuis quelque 4,5 milliards d'années. L'*Homo sapiens* est apparu il y a environ deux cent mille ans. Et, au cours

1. Gen. 3, 19.

des dix mille années qui le séparent de la dernière glaciation, l'homme moderne a évolué. Sous notre forme actuelle, par rapport à l'univers ou à la Terre, nous ne sommes finalement là que depuis peu ! Pendant des milliards d'années, nous avons flotté dans la galaxie sous forme de particules de poussières. Puis la grande énergie universelle a exercé son action sur nous et nous a permis de vivre, sous la forme qui est la nôtre, sur cette planète, le temps d'une brève apparition dans la longue histoire du temps.

Tout le vivant partage ce même destin : être de passage. Mais quelle superbe escale ! En avons-nous seulement conscience ? Tirons-nous le meilleur parti du temps qui nous est donné ? Ne nous détournons-nous pas de cette expérience qu'est la vie ? Savourons-nous pleinement ce moment précieux, cette occasion de vivre un millier de sensations différentes avant de redevenir poussière ? Comme tout le monde, il m'arrive d'oublier que ma vie n'est que transitoire.

Chaque jour, je m'applique à me rappeler que ce qui compte le plus, c'est d'apprécier ce moment, cette opportunité, cette beauté : d'en jouir et de tirer le meilleur parti de chaque seconde. Chacun de ces instants est une occasion de nous sentir relié à toute chose et de faire l'expérience du Soi universel.

La poussière cosmique dont nous sommes constitués est la même que celle qui assemble toutes les planètes de notre système solaire. Nous sommes composés des mêmes éléments que la Voie lactée au-dessus de nos têtes et la Terre sous nos pieds. Nous sommes reliés aux arbres et aux oiseaux qui s'envolent de leurs branches ; aux papillons qui virevoltent autour des fleurs ; aux poissons qui se faufilent entre les joncs de la rivière scintillante ; au soleil et à la pluie. Bien que nous soyons un assemblage de cette même matière, nous sommes aussi, pendant ce court laps de temps, dotés de la conscience. Nous avons été gratifiés de la capacité temporaire de ressentir et de comprendre.

Profitons-nous vraiment de notre passage sur Terre ?

Carpe diem

Certainement, dans un avenir encore lointain, la Terre se désintégrera comme tout dans l'univers pour redevenir poussière. La création est en renouvellement constant. L'occasion qui nous est offerte est donc absolument unique. C'est maintenant que cela se passe – ni hier, ni demain – et il n'y a rien de plus important que nous puissions faire que d'être conscients du miracle de l'existence à cet instant. Ce n'est pas si facile, comme l'exprime si bien le philosophe chinois Lao Tseu dans le *Tao Te King* :

> Chaque instant est fragile et éphémère.
> Le moment passé ne peut se retenir, aussi beau soit-il.
> Le moment présent ne peut se retenir, aussi agréable soit-il.
> Le moment futur ne peut être saisi, aussi désirable soit-il.
> Mais l'esprit désespère de calmer la rivière :
> Possédé par les idées du passé, préoccupé par les images de l'avenir,
> il ignore la simple vérité du moment.

Quelle est la simple vérité de ce moment ? La sagesse n'est pas de reconnaître la valeur de ce qui a disparu, mais d'apprécier la richesse de ce que nous possédons maintenant. Que possédons-nous tous maintenant ? La possibilité de vivre l'émerveillement d'être. La possibilité de voir clairement ce qui nous importe le plus. La possibilité de vraiment comprendre qui nous sommes. La possibilité de nous détourner du tumulte et de connaître la paix intérieure. Notre cœur rappelle sans cesse à ceux qui savent écouter que nous avons la capacité de nous unir à tout ce qui est bon en nous.

Imaginez un magasin d'alimentation où vous trouveriez les meilleurs produits que le monde puisse offrir : les fruits et légumes les plus savoureux, les meilleures viandes et les poissons les plus frais, de succulents fromages artisanaux, les friandises les plus alléchantes, et des boissons fraîches jaillissant de centaines de fontaines. Vous pourriez vous servir autant que vous le voulez dans ce supermarché, à une condition : ne rien emporter.

Seriez-vous déçu ? Ou penseriez-vous : « Je vais profiter de tout ce que je peux tant que je suis là » ?

Nous pouvons profiter de toutes les belles et bonnes choses de la vie, mais nous n'emporterons rien. *Carpe diem.*

Bon loup, mauvais loup

Cela nous ramène au point central, crucial dans la pratique de la connaissance de soi : celui du choix. À chaque instant, nous avons un choix : prêtons-nous attention au bien ou au mal qui est en nous ? Au positif ou au négatif ?

> Il était une fois un groupe d'Amérindiens. Un jour, un enfant de la tribu vient voir le chef :
>
> – Chef, pourquoi certaines personnes sont-elles bonnes à certains moments et mauvaises à d'autres ?

Le chef lui répond :

– C'est parce que nous avons deux loups en nous, qui se battent entre eux. Un bon loup et un mauvais loup.

Le garçon réfléchit un moment :

– Chef, quel est le loup qui gagne ?

– Celui que tu nourris.

Il n'est pas nécessaire de continuer à punir notre « mauvais » loup, car cela ne fait pas croître ce que nous avons de bon en nous. Nourrissez plutôt le « bon » loup : donnez-lui du temps, de la conscience, de la compréhension, des soins, de l'amour. Que se passera-t-il alors ? Le bon loup deviendra plus fort.

La haine, la colère, la peur, la confusion nourrissent le méchant loup.

L'amour, la joie, le calme, la clarté nourrissent le bon loup.

Que choisissons-nous aujourd'hui ? Choisissons-nous d'encourager les préjugés ou la compréhension ? Choisissons-nous d'encourager la confusion ou la clarté ? Choisissons-nous d'encourager la guerre ou la paix ?

Si vous voulez être fort, soyez doux.
Si vous voulez être puissant, soyez bon.
Si vous voulez être riche, soyez généreux.
Si vous voulez être intelligent, soyez simple.
Si vous voulez être libre, soyez vous-même.

Choisir d'être libre

Un jour que je m'adressais à des personnes apprenant les techniques de la connaissance de soi, un homme m'a interpellé :

Si vous voulez être fort,
soyez doux.
Si vous voulez être puissant,
soyez bon.
Si vous voulez être riche,
soyez généreux.
Si vous voulez être intelligent,
soyez simple.
Si vous voulez être libre,
soyez vous-même.

– J'ai peur.

– Peur de quoi ? lui ai-je demandé.

– Je n'arrive pas à lâcher prise : je n'arrive pas à ressentir.

– Pourquoi ? Parce que vous ne faites que vous tourner vers vous-même. N'ayez pas peur. Élancez-vous !

Plus tard, il est revenu me voir. Notre conversation l'avait tellement marqué qu'il s'était enfin laissé aller et s'était autorisé à « s'envoler », à devenir lui-même. Il avait ressenti une liberté sans limite. *No limit!*

Notre nature est d'être libre. Ce qui nous enchaîne n'est pas si terrible que cela. Mais nous devons nous connecter à notre besoin inné. Pouvez-vous ressentir ce besoin de liberté en vous ? Pouvez-vous vous libérer au point de voir à travers les yeux du divin qui vous habite ?

Dans ma jeunesse, j'ai appris la liberté en observant les oiseaux. Si vous capturez un bel oiseau du ciel et que vous le mettez en cage, il tentera de s'échapper. Mais savez-vous ce qui risque de se passer s'il est emprisonné trop longtemps ? Il apprendra à vivre dans cette cage. Un jour, si vous ouvrez la porte, l'oiseau n'essaiera même plus de s'envoler vers les grands espaces. Je le sais, cela m'est arrivé : j'ai essayé de libérer des oiseaux de leur cage et ils n'ont pas bougé. Ils avaient perdu le sens de la liberté. C'est terrible ! La même chose peut nous arriver.

Quoi qu'il se passe dans notre vie, nous sommes toujours libres de nous relier à la réalité de notre être profond, de nous libérer de la domination des événements et de l'agitation du dehors. Ce choix, nous devons le faire. Lorsque le rythme de notre souffle va et vient, il nous offre le miracle de la vie.

Le problème de l'être humain ce n'est pas qu'il n'a pas d'ailes. C'est qu'il est attaché par une grosse corde au monde matériel. S'il lâche cette corde, il pourrait s'envoler, même sans ailes. Les ailes lui seront données : c'est le miracle de la grâce que l'on reçoit quand on en a besoin. Ayez confiance. Plongez au plus profond de vous et choisissez de vous connecter à la paix infinie qui règne en vous. Plongez au plus profond de vous, et vous pourrez vous envoler loin en vous-même. Plongez au plus profond de vous, et le bruit du monde s'atténuera, jusqu'à ce que vous rejoigniez le silence. Vous pourrez alors écouter la divine musique du présent. Plongez au plus profond de vous, et vous entendrez votre propre chant.

Commencez ! Allez-y !

Table

RÉALISATION : NORD COMPO À VILLENEUVE-D'ASCQ
ACHEVÉ D'IMPRIMER SUR ROTO-PAGE
PAR L'IMPRIMERIE FLOCH À MAYENNE (53)
DÉPÔT LÉGAL : AVRIL 2021. N° 145630 (98087)
IMPRIMÉ EN FRANCE